따라 쓰기로 배우는
초등 필수 영단어

따라 쓰기로 배우는 초등 필수 영단어

초판 인쇄일 2016년 4월 5일
초판 발행일 2016년 4월 11일
5쇄 발행일 2022년 11월 23일

지은이 JK English Lab
발행인 박정모
등록번호 제9-295호
발행처 도서출판 혜지원
주소 (10881) 경기도 파주시 회동길 445-4(문발동 638) 302호
전화 031) 955-9221~5 팩스 031) 955-9220
홈페이지 www.hyejiwon.co.kr

기획 · 진행 김형진
디자인 김희진
영업마케팅 황대일, 서지영
ISBN 978-89-8379-888-6
정가 11,800원

그림으로 기억하고 하나하나 따라 쓰면 나도 영어 우등생!

따라 쓰기로 배우는

초등 필수 영단어

JK English Lab 지음

혜지원

『따라 쓰기로 배우는 초등 필수 영단어』는 그냥 단어를 따라 쓰면서 외우는 책이 아닙니다. [재미있는 그림을 보고 단어를 기억하고 ▶ 하나하나 따라 쓰며 머릿속에 저장한 후 ▶ 원어민 발음을 들으며 큰 소리로 따라 말해보고 ▶ 쪽지시험으로 확인 학습하기] 순서로 이 책 한 권을 학습하면 한 달 만에 나도 영어 우등생이 될 수 있습니다!

이 책은 교육부 지정 초등 영단어 900개를 주제별로 모아 기억하기 쉽도록 재미있는 그림과 함께 제시했습니다. 거기에 더해 뜻이 같은 단어들(동의어), 뜻이 반대인 단어들(반의어), 초등생이 알아야 할 필수 동사를 책의 후반에 따로 모았습니다.

그림을 보고 단어를 기억한 후 하나하나 따라 써보면 어휘 학습에 큰 효과를 볼 수 있습니다. 하루에 한 개 Unit을 총 한 달에 학습하도록 구성했으니, 따라 쓰기를 끝내고 그림과 단어를 매치하거나 한글 해석을 보고 단어를 써보는 쪽지시험을 꼭 풀고 마무리하세요.

책의 후반에 알파벳 순서로 단어를 모았으므로 원하는 단어를 쉽게 찾아볼 수도 있습니다. 또한 이 책의 모든 단어에 발음기호를 표기하고, 원어민의 정확한 발음으로 녹음한 MP3 파일을 제공하니, 듣고 큰 소리로 따라 하는 연습도 반드시 해보세요.

JK English Lab

이 책은 이렇게 구성되어 있어요!

STEP 1. 그림 보고 익히기

재미있는 그림을 보고 단어를 기억하세요.

STEP 2. 따라 써보기

그림을 보고 기억한 단어를 또박또박 따라 쓰며 머릿속에 저장합니다. 확실이 익힌 단어는 박스에 체크하세요.

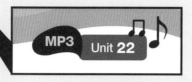

STEP 3. 듣고 따라 말해보기

원어민의 정확한 발음으로 녹음한 MP3 파일을 들으며 큰 소리로 따라 해보세요. 표기해둔 발음기호를 보면서 큰 소리로 따라 하면 효과적으로 단어를 기억할 수 있어요.

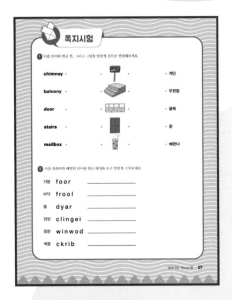

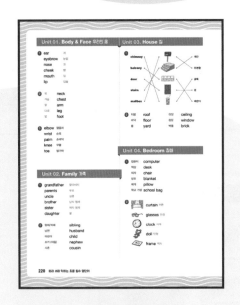

STEP 4. 쪽지시험

그림과 단어 매치하기, 한글 해석 보고 단어 써
보기 등 다양한 문제의 쪽지시험을 풀고 완전히
머릿속에 저장하세요.

STEP 5. 쪽지시험 정답지

쪽지시험에서 풀어본 문제의 정답을 맞춰보고
틀린 문제는 다시 한번 확실하게 기억하세요.

★ 부록

뜻이 반대인 단어들(반의어), 뜻이 비슷한 단어
들(동의어), 초등생이 알아야 할 필수 동사, 알파
벳 순서 단어 모음을 따로 실어서 보충 학습까지
하도록 했어요.

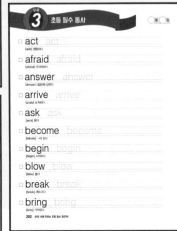

목차

Unit 01 Body & Face 우리의 몸

월 ○ 일

그림 보고 익히기 그림을 보고 단어를 기억하세요.

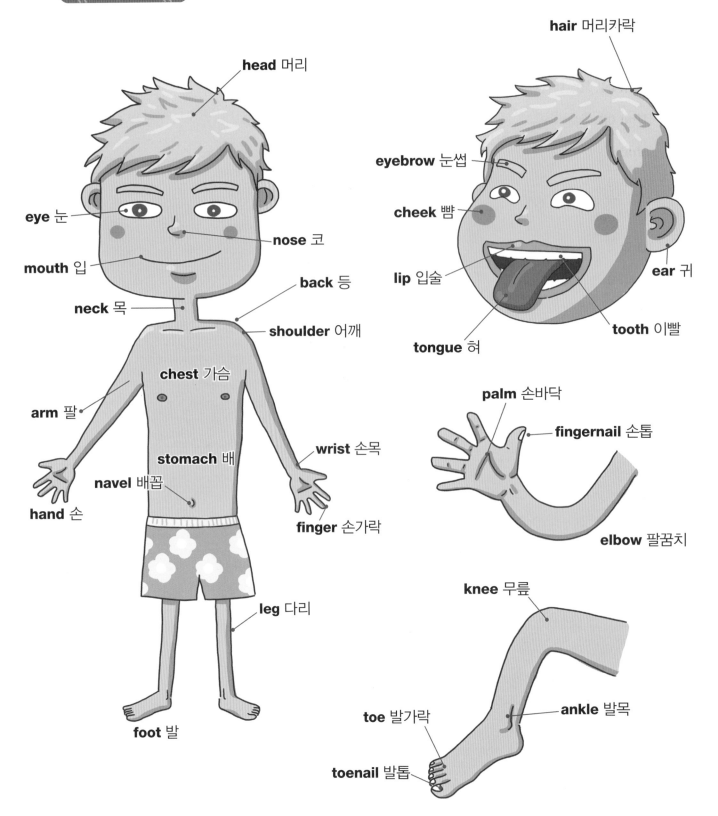

hair 머리카락

head 머리

eyebrow 눈썹

cheek 뺨

eye 눈

nose 코

mouth 입

lip 입술

ear 귀

tongue 혀

tooth 이빨

back 등

neck 목

shoulder 어깨

chest 가슴

palm 손바닥

fingernail 손톱

arm 팔

wrist 손목

stomach 배

navel 배꼽

elbow 팔꿈치

hand 손

finger 손가락

knee 무릎

leg 다리

toe 발가락

ankle 발목

foot 발

toenail 발톱

 다 쓴 후에 MP3 음원을 들으면서 큰 소리로 따라 해보세요.

☐ **head** head

[hed] 머리

☐ **hair** hair

[hɛər] 머리카락

☐ **shoulder** shoulder

[ʃóuldər] 어깨

☐ **neck** neck

[nek] 목

☐ **chest** chest

[tʃest] 가슴

□ **arm** arm

[ɑːrm] 팔

□ **stomach** stomach

[stʌ́mək] 배

□ **back** back

[bæk] 등

□ **navel** navel

[néivəl] 배꼽

□ **hand** hand

[hænd] 손

leg leg

[leg] 다리

foot foot

[fut] 발

eye eye

[ai] 눈

ear ear

[iər] 귀

eyebrow eyebrow

[áibràu] 눈썹

☐ **nose** nose

[nouz] 코

☐ **cheek** cheek

[tʃiːk] 뺨

☐ **mouth** mouth

[mauθ] 입

☐ **tooth** tooth

[tuːθ] 이빨

☐ **lip** lip

[lip] 입술

☐ **tongue** tongue

[tʌŋ] 혀

☐ **elbow** elbow

[élbou] 팔꿈치

☐ **wrist** wrist

[rist] 손목

☐ **finger** finger

[fíŋgər] 손가락

☐ **fingernail** fingernail

[fíŋgərneil] 손톱

palm　palm

[pɑːm] 손바닥

knee　knee

[niː] 무릎

ankle　ankle

[ǽŋkl] 발목

toe　toe

[tou] 발가락

toenail　toenail

[touneil] 발톱

쪽지시험

1 다음 그림을 보고 빈 칸에 알맞은 알파벳을 써보세요.

e __ r 귀

 ch __ __ k 뺨

 ey __ br __ w 눈썹

 mou __ __ 입

 no __ e 코

 __ ip 입술

2 다음 한글 해석을 보고 영어 단어를 써보세요.

목 _____

가슴 _____

팔 _____

다리 _____

발 _____

3 다음 영단어를 보고 우리말 뜻을 써보세요.

elbow _____

wrist _____

palm _____

knee _____

toe _____

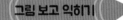
그림 보고 익히기 그림을 보고 단어를 기억하세요.

grandparents 조부모

grandmother 할머니 **grandfather** 할아버지

parents 부모

wife 아내 **husband** 남편

mom 엄마 **dad** 아빠

son 아들 **daughter** 딸

cousin 사촌

grandchild 손주

niece 조카 (딸) **nephew** 조카 (아들)

uncle 삼촌 **aunt** 고모, 이모, 숙모

brother 남자 형제 **sister** 여자 형제

child 어린이

sibling 형제/자매

☐ # grandmother grandmother

[grǽndmʌ̀ðər] 할머니

☐ # grandfather grandfather

[grǽndfὰːðər] 할아버지

☐ # grandparents grandparents

[grǽndpéərənt] 조부모

☐ # mom mom

[mam] 엄마

☐ # dad dad

[dæd] 아빠

☐ parents   parents

[péərənt] 부모

☐ uncle   uncle

[ʌ́ŋkəl] 삼촌

☐ aunt   aunt

[ænt] 고모, 이모, 숙모

☐ brother   brother

[brʌ́ðər] 남자 형제

☐ sister   sister

[sístər] 여자 형제

□ **sibling** sibling

[síbliŋ] 형제/자매

□ **husband** husband

[hʌ́zbənd] 남편

□ **wife** wife

[waif] 아내

□ **son** son

[sʌn] 아들

□ **daughter** daughter

[dɔ́:tər] 딸

child child

[tʃaild] 어린이

grandchild grandchild

[grǽndtʃàild] 손주

niece niece

[niːs] 조카 (딸)

nephew nephew

[néfjuː] 조카 (아들)

cousin cousin

[kʌ́zn] 사촌

쪽지시험

① 다음 그림을 보고 뒤죽박죽 적힌 알파벳을 알맞게 배치해서 옳은 영단어를 써보세요.

  할아버지 **grandfaerth** → _____

  부모 **patsren** → _____

  삼촌 **uncel** → _____

  남자 형제 **btheror** → _____

  여자 형제 **siters** → _____

  딸 **dautergh** → _____

② 다음 한글 해석을 보고 빈칸을 채워 알맞은 영단어를 써보세요.

형제/자매 **si __ l __ ng**

남편 **h __ sba __ d**

어린이 **ch __ __ d**

조카 (아들) **nep __ __ w**

사촌 **c __ us __ n**

그림 보고 익히기 그림을 보고 단어를 기억하세요.

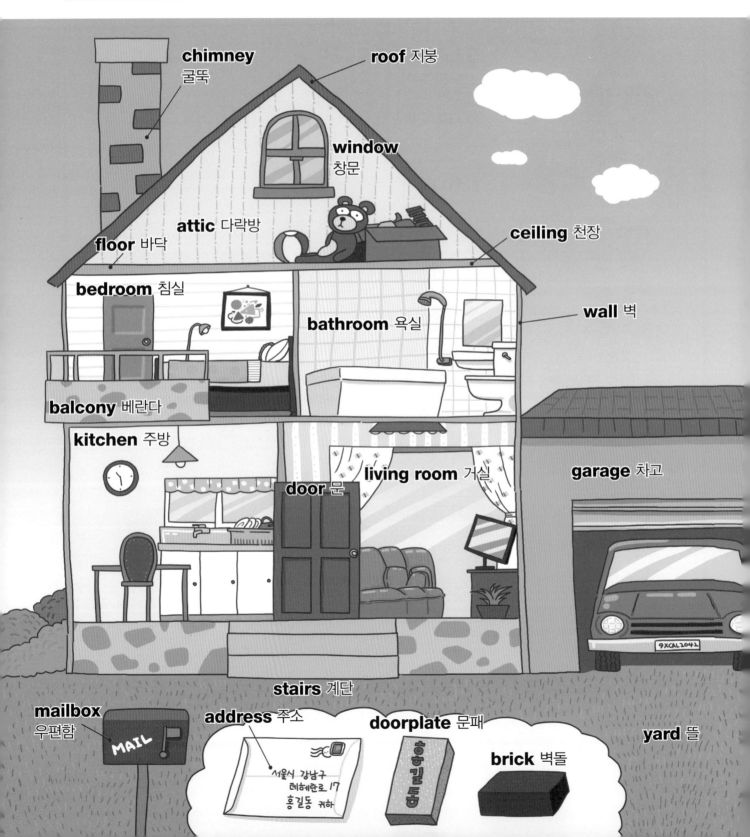

- chimney 굴뚝
- roof 지붕
- window 창문
- attic 다락방
- ceiling 천장
- floor 바닥
- bedroom 침실
- bathroom 욕실
- wall 벽
- balcony 베란다
- kitchen 주방
- living room 거실
- garage 차고
- door 문
- stairs 계단
- mailbox 우편함
- address 주소
- doorplate 문패
- yard 뜰
- brick 벽돌

서울시 강남구
테헤란로 17
홍길동 귀하

 다 쓴 후에 MP3 음원을 들으면서 큰 소리로 따라 해보세요.

☐ **chimney** chimney

[tʃímni] 굴뚝

☐ **roof** roof

[ru:f] 지붕

☐ **attic** attic

[ǽtik] 다락방

☐ **ceiling** ceiling

[síːliŋ] 천장

☐ **bedroom** bedroom

[bédrùːm] 침실

□ **balcony** balcony

[bǽlkəni] 베란다

□ **floor** floor

[flɔːr] 바닥

□ **wall** wall

[wɔːl] 벽

□ **bathroom** bathroom

[bǽθrù(ː)m] 욕실

□ **window** window

[wíndou] 창문

kitchen   kitchen

[kítʃən] 주방

living room   living room

[líviŋ ruːm] 거실

door   door

[dɔːr] 문

stairs   stairs

[stɛər] 계단

garage   garage

[gərάːʒ] 차고

☐ yard　yard

[jɑːrd] 뜰

☐ mailbox　mailbox

[méilbɑks] 우편함

☐ address　address

[ədrés] 주소

☐ doorplate　doorplate

[dɔːr pleit] 문패

☐ brick　brick

[brik] 벽돌

쪽지시험

1 다음 단어와 한글 뜻, 그리고 그림을 알맞게 선으로 연결해보세요.

chimney •

balcony •

door •

stairs •

mailbox •

• 계단

• 우편함

• 굴뚝

• 문

• 베란다

2 다음 뒤죽박죽 배열된 단어를 한글 해석을 보고 알맞게 고쳐보세요.

지붕   f o o r   _____

바닥   f r o o l   _____

뜰   d y a r   _____

천장   c l i n g e i   _____

창문   w i n w o d   _____

벽돌   c k r i b   _____

Unit 04 Bedroom 침실

그림 보고 익히기 그림을 보고 단어를 기억하세요.

table lamp 탁상 램프

pillow 베개

blanket 담요

school bag 학교 가방

computer 컴퓨터

bed 침대

desk 책상

chair 의자

pencil 연필

book 책

clock 시계

doll 인형

photograph 사진

curtain 커튼

glasses 안경

closet 벽장

chest of drawers 서랍장

ball 공

bookshelf 책장

frame 액자

따라 써보기 다 쓴 후에 MP3 음원을 들으면서 큰 소리로 따라 해보세요.

☐ # bed bed

[bed] 침대

☐ # blanket blanket

[blǽŋkit] 담요

☐ # pillow pillow

[pílou] 베개

☐ # school bag school bag

[skuːl bǽg] 학교 가방

☐ # book book

[buk] 책

☐ pencil   pencil

[pénsəl] 연필

☐ computer   computer

[kəmpjúːtər] 컴퓨터

☐ desk   desk

[desk] 책상

☐ chair   chair

[tʃɛər] 의자

☐ table lamp   table lamp

[téibəl læmp] 탁상 램프

curtain curtain

[kə́ːrtən] 커튼

closet closet

[klázit] 벽장

glasses glasses

[glǽsis] 안경

clock clock

[klɑk] 시계

doll doll

[dɑl] 인형

☐ **photograph** photograph

[fóutəgræf] 사진

☐ **bookshelf** bookshelf

[bukʃelf] 책장

☐ **frame** frame

[freim] 액자

☐ **ball** ball

[bɔːl] 공

☐ **chest of drawers** chest of drawers

서랍장

쪽지시험

1 다음 한글 해석을 보고 빈칸에 알맞은 알파벳을 넣어 단어를 완성해보세요.

컴퓨터	c __ m __ __ ter
책상	d __ __ k
의자	c __ a __ r
담요	bl __ __ __ et
베개	p __ ll __ w
학교 가방	sc __ __ __ l b __ g

2 그림을 보고 그림에 맞는 단어를 써보세요.

 _____ 커튼

 _____ 안경

 _____ 시계

 _____ 인형

 _____ 액자

그림 보고 익히기 그림을 보고 단어를 기억하세요.

painting 그림

speaker 스피커

television 텔레비전

plant 식물

sofa 소파

flowerpot 화분

newspaper 신문

magazine 잡지

table 탁자

armchair 안락의자

rug 양탄자

lampshade 전등갓

hall 현관

lamp 전등

fan 선풍기

fireplace 벽난로

end table 작은 탁자

vase 꽃병

cushion 쿠션

telephone 전화기

따라 써보기 다 쓴 후에 MP3 음원을 들으면서 큰 소리로 따라 해보세요.

☐ **sofa** sofa

[sóufə] 소파

☐ **table** table

[téibəl] 탁자

☐ **magazine** magazine

[mægəzíːn] 잡지

☐ **newspaper** newspaper

[njúːzpèipər] 신문

☐ **television** television

[téləvìʒən] 텔레비전

□ rug rug

[rʌg] 양탄자

□ armchair armchair

[ɑ́ːrmtʃɛ̀ər] 안락의자

□ speaker speaker

[spíːkər] 스피커

□ flowerpot flowerpot

[fláuərpɑt] 화분

□ plant plant

[plænt] 식물

☐ **painting** painting

[péintiŋ] 그림

☐ **cushion** cushion

[kúʃən] 쿠션

☐ **vase** vase

[veis] 꽃병

☐ **telephone** telephone

[téləfòun] 전화기

☐ **lamp** lamp

[læmp] 전등

☐ lampshade lampshade

[læmpʃeid] 전등갓

☐ end table end table

[end téibəl] 작은 탁자

☐ fireplace fireplace

[fáiərplèis] 벽난로

☐ fan fan

[fæn] 선풍기

☐ hall hall

[hɔːl] 현관

쪽지시험

1 다음 한글 해석을 보고 빈칸에 알맞은 알파벳을 넣어 단어를 완성해보세요.

쿠션	c u __ __ __ o n
잡지	m a __ a __ i __ e
신문	n __ __ s p a p e r
안락의자	__ __ __ c h a i r
식물	p l __ n __
화분	f __ __ w e r p __ t

2 그림을 보고 그 그림에 맞는 단어를 써보세요.

 _____ 소파

 _____ 꽃병

 _____ 양탄자

 _____ 전등갓

 _____ 벽난로

그림 보고 익히기 그림을 보고 단어를 기억하세요.

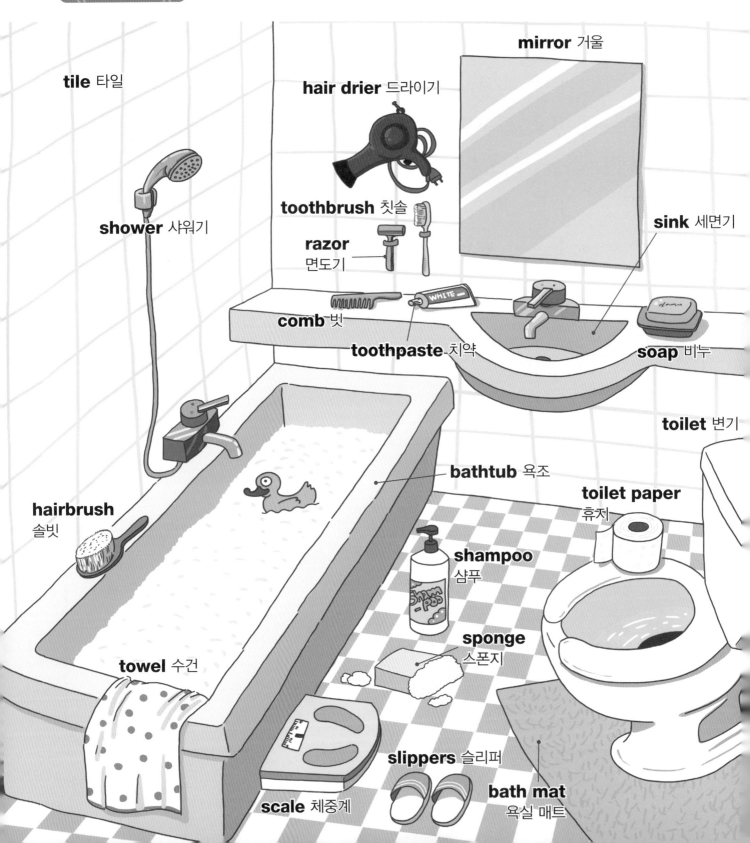

mirror 거울

tile 타일

hair drier 드라이기

toothbrush 칫솔

shower 샤워기

razor 면도기

sink 세면기

comb 빗

toothpaste 치약

soap 비누

toilet 변기

bathtub 욕조

toilet paper 휴지

hairbrush 솔빗

shampoo 샴푸

sponge 스폰지

towel 수건

slippers 슬리퍼

scale 체중계

bath mat 욕실 매트

□ **soap** soap

[soup] 비누

□ **mirror** mirror

[mírər] 거울

□ **toothbrush** toothbrush

[túːθbrʌ̀ʃ] 칫솔

□ **toothpaste** toothpaste

[túːθpeist] 치약

□ **sink** sink

[siŋk] 세면기

☐ comb comb

[koum] 빗

☐ hair drier hair drier

[héər dráiər] 드라이기

☐ razor razor

[réizər] 면도기

☐ shower shower

[ʃáuər] 샤워기

☐ tile tile

[tail] 타일

□ **bathtub** bathtub

[bǽθtʌb] 욕조

□ **hairbrush** hairbrush

[héərbrʌʃ] 솔빗

□ **towel** towel

[táuəl] 수건

□ **shampoo** shampoo

[ʃæmpúː] 샴푸

□ **sponge** sponge

[spʌndʒ] 스폰지

☐ scale scale

[skeil] 체중계

☐ slippers slippers

[slípərs] 슬리퍼

☐ toilet toilet

[tɔ́ilit] 변기

☐ toilet paper toilet paper

[tɔ́ilit péipər] 휴지

☐ bath mat bath mat

[bæθ mæt] 욕실 매트

쪽지시험

1 다음 그림과 단어를 알맞게 연결해보세요.

 · · **slippers**

 · · **toilet paper**

 · · **soap**

 · · **toothpaste**

 · · **shower**

 · · **comb**

2 우리말 뜻을 보고 알맞은 단어를 써보세요.

변기   _____

거울   _____

칫솔   _____

세면기   _____

체중계   _____

Unit 07 Kitchen 부엌

그림 보고 익히기 그림을 보고 단어를 기억하세요.

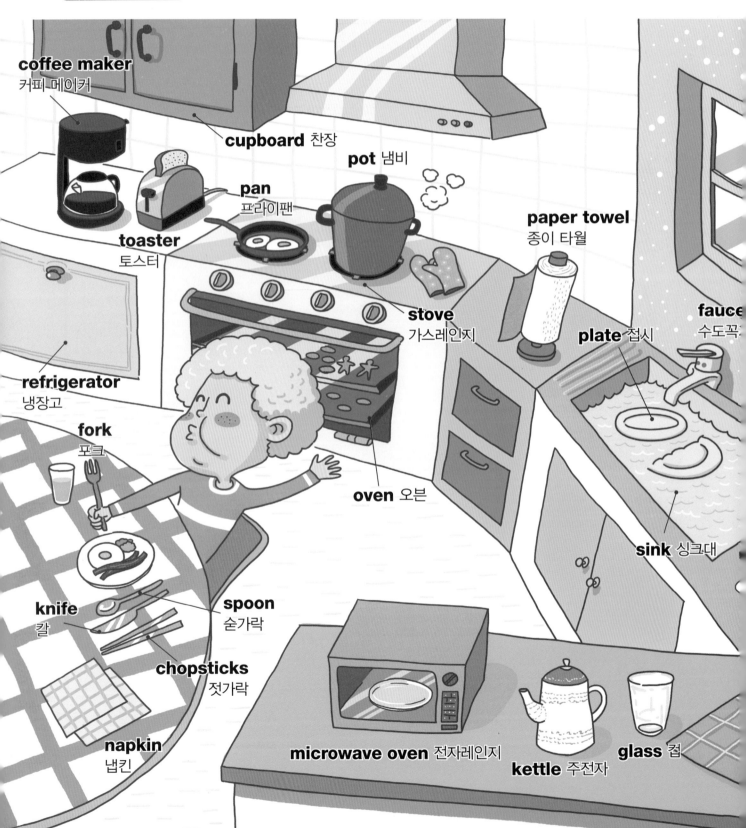

coffee maker 커피 메이커

cupboard 찬장

pot 냄비

pan 프라이팬

toaster 토스터

paper towel 종이 타월

stove 가스레인지

fauce 수도꼭

refrigerator 냉장고

plate 접시

fork 포크

oven 오븐

sink 싱크대

knife 칼

spoon 숟가락

chopsticks 젓가락

napkin 냅킨

microwave oven 전자레인지

kettle 주전자

glass 컵

　다 쓴 후에 MP3 음원을 들으면서 큰 소리로 따라 해보세요.

☐ **cupboard**　cupboard

[kʌ́bərd] 찬장

☐ **coffee maker**　coffee maker

[kɔ́ːfi méikər] 커피 메이커

☐ **toaster**　toaster

[touster] 토스터

☐ **pan**　pan

[pæn] 프라이팬

☐ **stove**　stove

[stouv] 가스레인지

☐ pot pot

[pɑt] 냄비

☐ oven oven

[ʌ́vən] 오븐

☐ paper towel paper towel

[péipər táuəl] 종이 타월

☐ faucet faucet

[fɔ́ːsit] 수도꼭지

☐ sink sink

[siŋk] 싱크대

☐ **plate** plate

[pleit] 접시

☐ **glass** glass

[glæs] 컵

☐ **kettle** kettle

[kétl] 주전자

☐ **microwave oven**

[máikrouweiv ʌ́vən] 전자레인지

microwave oven

☐ **napkin** napkin

[nǽpkin] 냅킨

☐ **chopsticks** chopsticks

[tʃɑpstiks] 젓가락

☐ **knife** knife

[naif] 칼

☐ **spoon** spoon

[spuːn] 숟가락

☐ **fork** fork

[fɔːrk] 포크

☐ **refrigerator** refrigerator

[rifrídʒərèitər] 냉장고

쪽지시험

1 다음 영단어의 알맞은 해석과 그림을 선으로 이어보세요.

toaster •　　　•　　　•　 접시

pot •　　　•　　　•　 종이 타월

paper towel •　　　•　　　•　 토스터

faucet •　　　•　　　•　 냄비

plate •　　　•　　　•　 수도꼭지

2 한글 해석을 읽고 영단어를 써보세요.

주전자 ＿＿＿＿＿＿＿＿＿　　　젓가락 ＿＿＿＿＿＿＿＿＿

전자레인지 ＿＿＿＿＿＿＿＿＿　　　숟가락 ＿＿＿＿＿＿＿＿＿

냅킨 ＿＿＿＿＿＿＿＿＿　　　냉장고 ＿＿＿＿＿＿＿＿＿

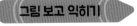
그림 보고 익히기   그림을 보고 단어를 기억하세요.

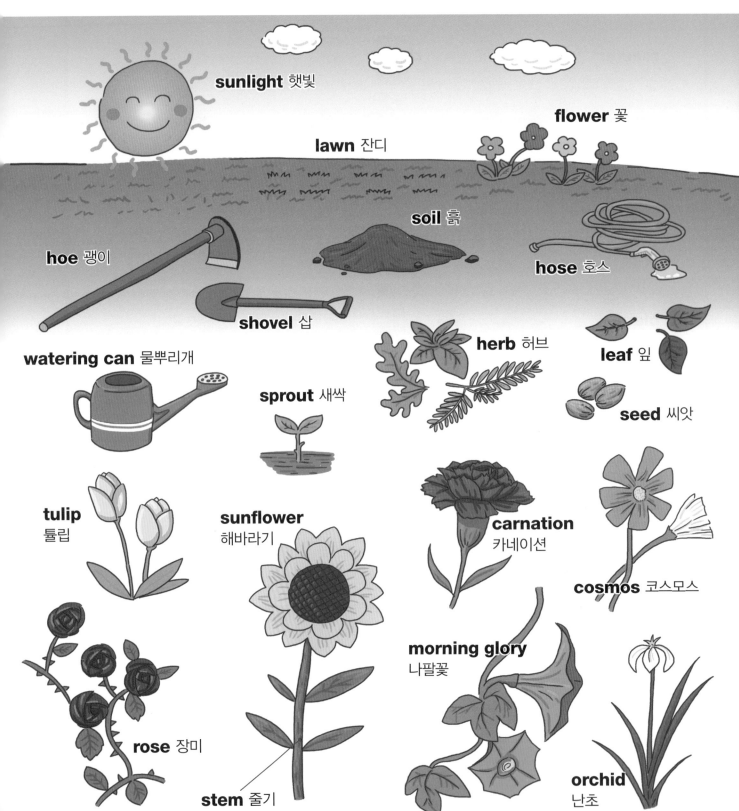

sunlight 햇빛

flower 꽃

lawn 잔디

soil 흙

hoe 괭이

hose 호스

shovel 삽

herb 허브

leaf 잎

watering can 물뿌리개

sprout 새싹

seed 씨앗

tulip 튤립

sunflower 해바라기

carnation 카네이션

cosmos 코스모스

morning glory 나팔꽃

rose 장미

stem 줄기

orchid 난초

☐ # sunlight sunlight

[sʌ́nlàit] 햇빛

☐ # flower flower

[fláuər] 꽃

☐ # lawn lawn

[lɔːn] 잔디

☐ # hoe hoe

[hou] 괭이

☐ # shovel shovel

[ʃʌ́vəl] 삽

□ **soil** soil

[sɔil] 흙

□ **hose** hose

[houz] 호스

□ **leaf** leaf

[liːf] 잎

□ **watering can** watering can

[wɔ́ːtəriŋ kæn] 물뿌리개

□ **sprout** sprout

[spraut] 새싹

☐ herb herb

[həːrb] 허브

☐ seed seed

[siːd] 씨앗

☐ tulip tulip

[tjúːlip] 튤립

☐ rose rose

[rouz] 장미

☐ sunflower sunflower

[sʌnfláuər] 해바라기

□ **stem** stem

[stem] 줄기

□ **carnation** carnation

[kɑːrnéiʃən] 카네이션

□ **morning glory** morning glory

[mɔ́ːrniŋ glɔ́ːri] 나팔꽃

□ **cosmos** cosmos

[kɑ́zməs] 코스모스

□ **orchid** orchid

[ɔ́ːrkid] 난초

쪽지시험

1 그림을 보고 알파벳을 연결한 후 영단어를 써보세요.

   •

• **sun** •   • **wer**   _____

   •

• **flo** •   • **vel**   _____

   •

• **cos** •   • **out**   _____

   •

• **sho** •   • **flower**   _____

   •

• **spr** •   • **mos**   _____

2 우리말 뜻을 보고 퍼즐에서 단어를 찾아 동그라미를 그려보세요.

잔디
흙
장미
허브
튤립
씨앗

l	a	w	n	t
h	e	r	b	u
o	s	o	i	l
g	q	s	f	i
s	e	e	d	p

Unit 09 School 학교

 월 일

그림 보고 익히기 그림을 보고 단어를 기억하세요.

classroom 교실
blackboard 칠판
globe 지구본
chalk 분필
class schedule 시간표
student 학생
textbook 교과서
teacher 선생님

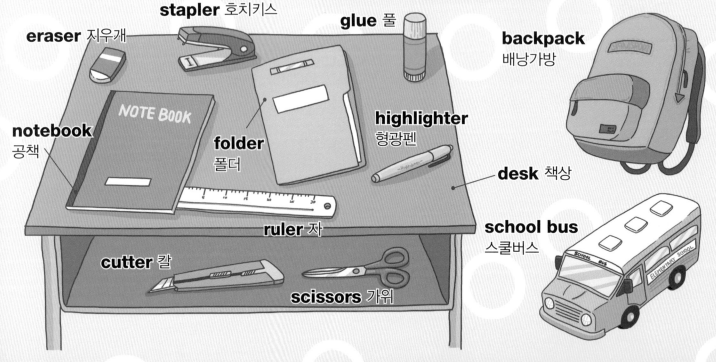

stapler 호치키스
glue 풀
eraser 지우개
backpack 배낭가방
notebook 공책
folder 폴더
highlighter 형광펜
desk 책상
ruler 자
school bus 스쿨버스
cutter 칼
scissors 가위

따라 써보기 다 쓴 후에 MP3 음원을 들으면서 큰 소리로 따라 해보세요.

☐ **classroom** classroom

[klǽsrù(ː)m] 교실

☐ **blackboard** blackboard

[blǽkbɔ̀ːrd] 칠판

☐ **chalk** chalk

[tʃɔːk] 분필

☐ **textbook** textbook

[tékstbùk] 교과서

☐ **teacher** teacher

[tíːtʃər] 선생님

globe globe

[gloub] 지구본

class schedule class schedule

[klæs skédʒuːl] 시간표

student student

[stjúːdənt] 학생

desk desk

[desk] 책상

eraser eraser

[iréisər] 지우개

notebook notebook

[nóutbùk] 공책

stapler stapler

[stéiplər] 호치키스

glue glue

[gluː] 풀

folder folder

[foulder] 폴더

highlighter highlighter

[háiláitər] 형광펜

☐ **ruler** ruler

[rúːlər] 자

☐ **cutter** cutter

[kʌtər] 칼

☐ **scissors** scissors

[sízərz] 가위

☐ **backpack** backpack

[bǽkpæk] 배낭가방

☐ **school bus** school bus

[skuːl bʌs] 스쿨버스

쪽지시험

1 그림을 보고 뒤죽박죽 적힌 알파벳을 알맞게 배치해서 옳은 영단어를 써보세요.

  지구본 **gbelo** ➡ _____

  호치키스 **slertap** ➡ _____

  교과서 **booktext** ➡ _____

  지우개 **eserra** ➡ _____

  풀 **guel** ➡ _____

  가위 **scisssor** ➡ _____

2 다음 한글 해석을 보고 빈칸을 채워 알맞은 영단어를 써보세요.

분필 c __ a __ k

자 ru __ __ r

선생님 t __ ach __ r

학생 st __ d __ __ t

시간표 cla __ __ sche __ ule

그림 보고 익히기   그림을 보고 단어를 기억하세요.

fence 울타리

slide 미끄럼틀

balloon 풍선

swing 그네

seesaw 시소

bench 벤치

sandbox 모래통

playground 놀이터

jungle gym 정글짐

castle 성

amusement park 놀이공원

ticket 표

roller coaster 롤러코스터

fountain 분수대

cotton candy 솜사탕

clown 광대

puppet 꼭두각시 인형

toilet 화장실

mascot 마스코트

merry-go-round 회전목마

따라 써보기 다 쓴 후에 MP3 음원을 들으면서 큰 소리로 따라 해보세요.

☐ **playground** playground

[pléigràund] 놀이터

☐ **slide** slide

[slaid] 미끄럼틀

☐ **bench** bench

[bentʃ] 벤치

☐ **sandbox** sandbox

[sǽndbɑks] 모래통

☐ **balloon** balloon

[bəlúːn] 풍선

□ **fence**   fence

[fens] 울타리

□ **swing**   swing

[swiŋ] 그네

□ **seesaw**   seesaw

[síːsɔː] 시소

□ **jungle gym**   jungle gym

[dʒʌ́ŋɡl dʒim] 정글짐

□ **amusement park**

[əmjúːzmənt pɑːrk] 놀이공원

amusement park

roller coaster roller coaster

[róulər koustər] 롤러코스터

castle castle

[kǽsl] 성

fountain fountain

[fáuntin] 분수대

merry-go-round merry-go-round

[méri gou raund] 회전목마

cotton candy cotton candy

[kάtn kǽndi] 솜사탕

☐ **mascot** mascot

[mǽskət] 마스코트

☐ **clown** clown

[klaun] 광대

☐ **puppet** puppet

[pʌ́pit] 꼭두각시 인형

☐ **toilet** toilet

[tɔ́ilit] 화장실

☐ **ticket** ticket

[tíkit] 표

쪽지시험

1 다음 단어와 한글 뜻, 그리고 그림을 알맞게 선으로 연결해보세요.

slide ·

· ·

· 시소

swing ·

· ·

· 미끄럼틀

seesaw ·

·  ·

· 벤치

bench ·

· ·

· 풍선

balloon ·

·  ·

· 그네

2 다음 뒤죽박죽 배열된 단어를 한글 해석을 보고 알맞게 고쳐보세요.

성	catles	⇒ _____
분수대	tainfoun	⇒ _____
광대	clnow	⇒ _____
꼭두각시 인형	petpup	⇒ _____
마스코트	macots	⇒ _____
놀이공원	mentamuse park	⇒ _____

그림 보고 익히기 그림을 보고 단어를 기억하세요.

fish 생선

bacon 베이컨

spaghetti 스파게티

sausage 소시지

pizza 피자

salad 샐러드

ice cream 아이스크림

noodle 국수

candy 사탕

chicken 치킨

meat 고기

cake 케이크

sugar 설탕

salt 소금

egg 달걀

rice 밥

bread 빵

milk 우유

cheese 치즈

butter 버터

따라 써보기   다 쓴 후에 MP3 음원을 들으면서 큰 소리로 따라 해보세요.

☐ fish fish

[fiʃ] 생선

☐ bacon bacon

[béikən] 베이컨

☐ spaghetti spaghetti

[spəgéti] 스파게티

☐ sausage sausage

[sɔ́ːsidʒ] 소시지

☐ pizza pizza

[píːtsə] 피자

□ **salad** salad

[sǽləd] 샐러드

□ **ice cream** ice cream

[ais kriːm] 아이스크림

□ **noodle** noodle

[núːdl] 국수

□ **candy** candy

[kǽndi] 사탕

□ **chicken** chicken

[tʃíkin] 치킨

□ **meat** meat

[miːt] 고기

□ **cake** cake

[keik] 케이크

□ **sugar** sugar

[ʃúgər] 설탕

□ **salt** salt

[sɔːlt] 소금

□ **egg** egg

[eg] 달걀

□ **rice** rice

[rais] 밥

□ **bread** bread

[bred] 빵

□ **milk** milk

[milk] 우유

□ **cheese** cheese

[tʃiːz] 치즈

□ **butter** butter

[bʌ́tər] 버터

1 다음 한글 해석을 보고 빈칸에 알맞은 알파벳을 넣어 단어를 완성해보세요.

밥　　　r ＿ ＿ e

빵　　　b ＿ ＿ a d

우유　　m ＿ l ＿

달걀　　＿ ＿ g

소금　　＿ a ＿ t

설탕　　s u ＿ ＿ r

2 그림을 보고 그 그림에 맞는 단어를 써보세요.

 ＿＿＿＿＿＿＿＿＿＿＿ 고기

 ＿＿＿＿＿＿＿＿＿＿＿ 국수

 ＿＿＿＿＿＿＿＿＿＿＿ 소시지

 ＿＿＿＿＿＿＿＿＿＿＿ 베이컨

 ＿＿＿＿＿＿＿＿＿＿＿ 생선

그림 보고 익히기 그림을 보고 단어를 기억하세요.

banana 바나나

orange 오렌지

apple 사과

pear 배

watermelon 수박

grapes 포도

tangerine 귤

melon 멜론

kiwi 키위

plum 자두

peach 복숭아

lemon 레몬

strawberry 딸기

cherry 체리

pineapple 파인애플

chestnut 밤

persimmon 감

blueberry 블루베리

mango 망고

coconut 코코넛

따라 써보기 다 쓴 후에 MP3 음원을 들으면서 큰 소리로 따라 해보세요.

☐ **banana** banana

[bənǽnə] 바나나

☐ **orange** orange

[ɔ́(:)rindʒ] 오렌지

☐ **apple** apple

[ǽpl] 사과

☐ **pear** pear

[pɛər] 배

☐ **watermelon** watermelon

[wɔ́ːtərmélən] 수박

□ **grape** grape

[greip] 포도

□ **tangerine** tangerine

[tǽndʒəríːn] 귤

□ **melon** melon

[mélən] 멜론

□ **kiwi** kiwi

[kíːwiː] 키위

□ **plum** plum

[plʌm] 자두

□ **peach** peach

[piːtʃ] 복숭아

□ **lemon** lemon

[lémən] 레몬

□ **strawberry** strawberry

[strɔ́ːbèri] 딸기

□ **cherry** cherry

[tʃéri] 체리

□ **pineapple** pineapple

[páinæ̀pl] 파인애플

chestnut chestnut

[tʃésnət] 밤

persimmon persimmon

[pəːrsímən] 감

blueberry blueberry

[bluːbèri] 블루베리

mango mango

[mǽŋgou] 망고

coconut coconut

[kóukənʌ̀t] 코코넛

쪽지시험

1 다음 그림과 단어를 알맞게 연결해보세요.

 ·   · **banana**

 ·   · **orange**

 ·   · **apple**

 ·   · **pear**

 ·   · **watermelon**

 ·   · **grapes**

2 우리말 뜻을 보고 알맞은 단어를 써보세요.

귤	_____
멜론	_____
키위	_____
복숭아	_____
딸기	_____

Unit 13 Vegetables 채소

그림 보고 익히기   그림을 보고 단어를 기억하세요.

cucumber 오이

onion 양파

garlic 마늘

carrot 당근

cabbage 양배추

eggplant 가지

mushroom 버섯

corn 옥수~

tomato 토마토

radish 무

bean 콩

potato 감자

pumpkin 호박

sweet potato 고구마

spinach 시금치

broccoli 브로콜~

chili 고추

olive 올리브

spring onion 파

lettuce 상추

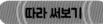 다 쓴 후에 MP3 음원을 들으면서 큰 소리로 따라 해보세요.

☐ **cucumber** cucumber

[kjúːkəmbər] 오이

☐ **onion** onion

[ʌ́njən] 양파

☐ **garlic** garlic

[gɑ́ːrlik] 마늘

☐ **carrot** carrot

[kǽrət] 당근

☐ **cabbage** cabbage

[kǽbidʒ] 양배추

☐ **eggplant** eggplant

[egplænt] 가지

☐ **mushroom** mushroom

[mʌ́ʃru(ː)m] 버섯

☐ **corn** corn

[kɔːrn] 옥수수

☐ **tomato** tomato

[təméitou] 토마토

☐ **radish** radish

[rǽdiʃ] 무

☐ **bean** bean

[biːn] 콩

☐ **potato** potato

[pətéitou] 감자

☐ **pumpkin** pumpkin

[pʌ́mpkin] 호박

☐ **sweet potato** sweet potato

[swiːt pətéitou] 고구마

☐ **spinach** spinach

[spínitʃ] 시금치

☐ **broccoli** broccoli

[brɑ́kəli] 브로콜리

☐ **chili** chili

[tʃíli] 고추

☐ **olive** olive

[ɑ́liv] 올리브

☐ **spring onion** spring onion

[spriŋ ʌ́njən] 파

☐ **lettuce** lettuce

[létis] 상추

쪽지시험

① 다음 영단어의 알맞은 해석과 그림을 선으로 이어보세요.

cucumber •　　　　•　　　　•　　　• 마늘

onion •　　　　•　　　　•　　　• 오이

garlic •　　　　•　　　　•　　　• 양파

carrot •　　　　•　　　　•　　　• 버섯

mushroom •　　　　•　　　　•　　　• 당근

② 한글 해석을 읽고 영단어를 써보세요.

옥수수 _____

토마토 _____

상추 _____

콩 _____

감자 _____

호박 _____

Colors 색깔

그림 보고 익히기 그림을 보고 단어를 기억하세요.

color 색

red 빨간색

blue 파란색

yellow 노란색

green 초록색

black 검정색

gray 회색

white 흰색

maroon 고동색

pink 분홍색

orange 주황색

purple 자주색

gold 금색

silver 은색

brown 갈색

sky blue 하늘색

navy blue 짙은 남색

violet 보라색

apricot 살구색

yellow green 연두색

다 쓴 후에 MP3 음원을 들으면서 큰 소리로 따라 해보세요.

☐ **color** color

[kʌ́lər] 색

☐ **red** red

[red] 빨간색

☐ **blue** blue

[bluː] 파란색

☐ **yellow** yellow

[jélou] 노란색

☐ **green** green

[griːn] 초록색

☐ **white**   white

[hwait] 흰색

☐ **black**   black

[blæk] 검정색

☐ **gray**   gray

[grei] 회색

☐ **pink**   pink

[piŋk] 분홍색

☐ **orange**   orange

[ɔ(:)rindʒ] 주황색

purple purple
[pə́ːrpəl] 자주색

brown brown
[braun] 갈색

gold gold
[gould] 금색

silver silver
[sílvər] 은색

maroon maroon
[mərúːn] 고동색

☐ **sky blue** sky blue

[skai bluː] 하늘색

☐ **navy blue** navy blue

[néivi bluː] 짙은 남색

☐ **violet** violet

[váiəlit] 보라색

☐ **apricot** apricot

[éiprəkɑt] 살구색

☐ **yellow green** yellow green

[jélou griːn] 연두색

1 그림을 보고 알파벳을 연결한 후 영단어를 써보세요.

  r •   • ue   _____

  bl •   • ed   _____

  yel •   • en   _____

  gre •   • blue   _____

  sky •   • low   _____

2 우리말 뜻을 보고 퍼즐에서 찾아 동그라미를 그려보세요.

분홍색

갈색

주황색

자주색

회색

금색

p	i	n	k	e	m	n
u	o	g	o	l	d	y
r	h	b	r	o	w	n
p	g	r	a	y	a	z
l	l	q	n	f	n	k
e	u	p	g	q	i	r
o	b	w	e	z	x	v

그림 보고 익히기 그림을 보고 단어를 기억하세요.

t-shirt 티셔츠

shirt 셔츠

blouse 블라우스

skirt 치마

dress 원피스

sweater 스웨터

shorts 반바지

jeans 청바지

hat 모자

cap 모자(야구모자)

belt 벨트

socks 양말

shoes 구두

sneakers 운동화

boots 부츠

underwear 속옷

tie 넥타이

vest 조끼

jacket 재킷

glove 장갑

다 쓴 후에 MP3 음원을 들으면서 큰 소리로 따라 해보세요.

☐ **t-shirt** t-shirt

[tiːʃəːrt] 티셔츠

☐ **shirt** shirt

[ʃəːrt] 셔츠

☐ **blouse** blouse

[blaus] 블라우스

☐ **skirt** skirt

[skəːrt] 치마

☐ **dress** dress

[dres] 원피스

□ sweater sweater

[swétər] 스웨터

□ shorts shorts

[ʃɔːrts] 반바지

□ jeans jeans

[dʒiːnz] 청바지

□ hat hat

[hæt] 모자

□ cap cap

[kæp] 모자(야구모자)

belt belt

[belt] 벨트

socks socks

[saks] 양말

shoes shoes

[ʃuːz] 구두

sneakers sneakers

[sniːkərz] 운동화

boots boots

[buːts] 부츠

underwear underwear

[ˈʌndərwɛər] 속옷

tie tie

[tai] 넥타이

vest vest

[vest] 조끼

jacket jacket

[dʒækit] 재킷

glove glove

[glʌv] 장갑

쪽지시험

1 다음 그림을 보고 뒤죽박죽 적힌 알파벳을 알맞게 배치해서 옳은 영단어를 써보세요.

 양말   s k s o c   ⇒ _____

 치마   s k t i r   ⇒ _____

 스웨터   s w t e e a r   ⇒ _____

 반바지   s h o s r t   ⇒ _____

 청바지   j e s a n   ⇒ _____

 운동화   s k e n e a r s   ⇒ _____

2 다음 한글 해석을 보고 빈칸을 채워 알맞은 영단어를 써보세요.

구두   s h __ __ s

속옷   u n d __ r w __ __ r

넥타이   t __ __

조끼   __ __ s t

장갑   g __ o __ e

그림을 보고 단어를 기억하세요.

baseball 야구

soccer 축구

basketball 농구

volleyball 배구

golf 골프

swimming 수영

skiing 스키

skating 스케이트

tennis 테니스

table tennis 탁구

cycling 자전거타기

badminton 배드민턴

bowling 볼링

boxing 권투

wrestling 레슬링

yoga 요가

taekwondo 태권도

judo 유도

kung fu 쿵푸

water-skiing 수상스키

따라 써보기　다 쓴 후에 MP3 음원을 들으면서 큰 소리로 따라 해보세요.

☐ **baseball** baseball

[béisbɔ̀ːl] 야구

☐ **soccer** soccer

[sɑ́kər] 축구

☐ **basketball** basketball

[bǽskitbɔ̀ːl] 농구

☐ **volleyball** volleyball

[vɑ́libɔ̀ːl] 배구

☐ **golf** golf

[gɑlf] 골프

☐ **swimming** swimming

[swímiŋ] 수영

☐ **skiing** skiing

[skíːiŋ] 스키

☐ **skating** skating

[skeitiŋ] 스케이트

☐ **tennis** tennis

[ténis] 테니스

☐ **table tennis** table tennis

[téibəl ténis] 탁구

☐ **cycling** cycling

[sáikliŋ] 자전거타기

☐ **badminton** badminton

[bǽdmintən] 배드민턴

☐ **bowling** bowling

[bóuliŋ] 볼링

☐ **boxing** boxing

[bɑ́ksiŋ] 권투

☐ **wrestling** wrestling

[résəliŋ] 레슬링

□ **yoga** yoga

[jóugə] 요가

□ **taekwondo** taekwondo

태권도

□ **judo** judo

[dʒúːdou] 유도

□ **kung fu** kung fu

[kʌ́ŋ fùː] 쿵푸

□ **water-skiing** water-skiing

[wɔ́ːtər skíːiŋ] 수상스키

쪽지시험

1 다음 단어의 한글 뜻과 그림을 알맞게 선으로 연결해보세요.

baseball ·

soccer ·

basketball ·

volleyball ·

swimming ·

· 농구

· 야구

· 수영

· 축구

· 배구

2 다음 뒤죽박죽 배열된 단어를 한글 해석을 보고 알맞게 고쳐보세요.

유도   d o j u   ⇒ _____

탁구   t a b l e   n i s t e n   ⇒ _____

볼링   b o n g w l i   ⇒ _____

권투   o x b i n g   ⇒ _____

레슬링   w s t l i r e n g   ⇒ _____

수상스키   s k i i n g - w a t e r   ⇒ _____

그림 보고 익히기 그림을 보고 단어를 기억하세요.

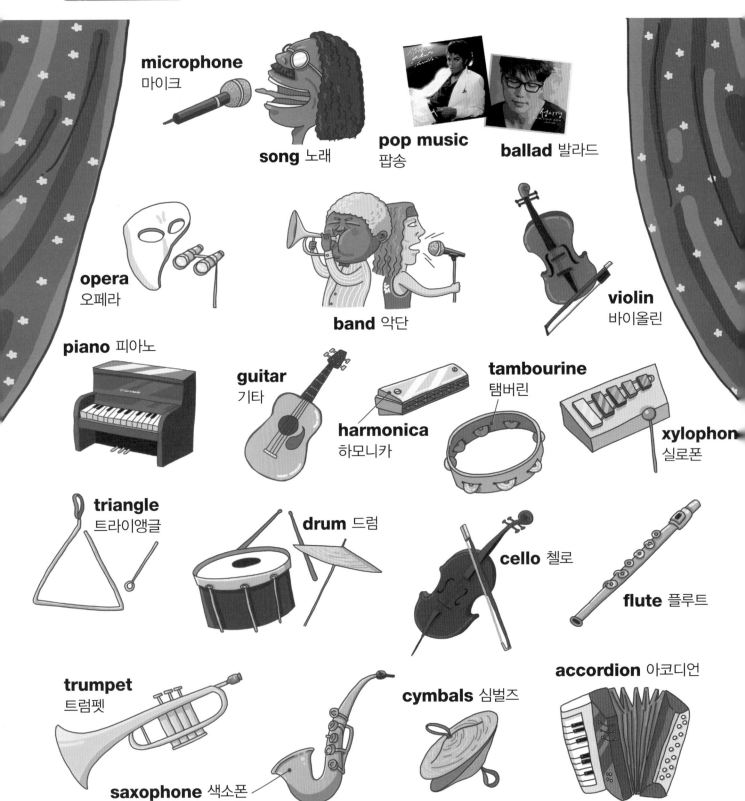

microphone 마이크

song 노래

pop music 팝송

ballad 발라드

opera 오페라

band 악단

violin 바이올린

piano 피아노

guitar 기타

harmonica 하모니카

tambourine 탬버린

xylophon 실로폰

triangle 트라이앵글

drum 드럼

cello 첼로

flute 플루트

trumpet 트럼펫

saxophone 색소폰

cymbals 심벌즈

accordion 아코디언

□ **song** song

[sɔ(:)ŋ] 노래

□ **microphone** microphone

[máikrəfòun] 마이크

□ **pop music** pop music

[pɑp mjúːzik] 팝송

□ **ballad** ballad

[bǽləd] 발라드

□ **opera** opera

[ɑ́pərə] 오페라

□ **band** band

[bænd] 악단

□ **violin** violin

[vàiəlín] 바이올린

□ **piano** piano

[piǽnou] 피아노

□ **guitar** guitar

[gitɑ́ːr] 기타

□ **harmonica** harmonica

[hɑːrmɑ́nikə] 하모니카

tambourine   tambourine

[tæmbəríːn] 탬버린

xylophone   xylophone

[záiləfòun] 실로폰

triangle   triangle

[tráiæŋgəl] 트라이앵글

drum   drum

[drʌm] 드럼

cello   cello

[tʃélou] 첼로

flute   flute

[fluːt] 플루트

trumpet   trumpet

[trʌ́mpit] 트럼펫

saxophone   saxophone

[sǽksəfòun] 색소폰

cymbals   cymbals

[símbəl] 심벌즈

accordion   accordion

[əkɔ́ːrdiən] 아코디언

쪽지시험

1 다음 한글 해석을 보고 빈칸에 알맞은 알파벳을 넣어 단어를 완성해보세요.

마이크   mi __ r __ p __ one

악단   b __ __ d

하모니카   ha __ mon __ __ a

탬버린   tambo __ ri __ __

트라이앵글   tr __ an __ __ e

플루트   f __ __ te

2 그림을 보고 그 그림에 맞는 단어를 써보세요.

 _____ 실로폰

 _____ 첼로

 _____ 트럼펫

 _____ 색소폰

 _____ 아코디언

Unit 18 Nature 자연

그림 보고 익히기 그림을 보고 단어를 기억하세요.

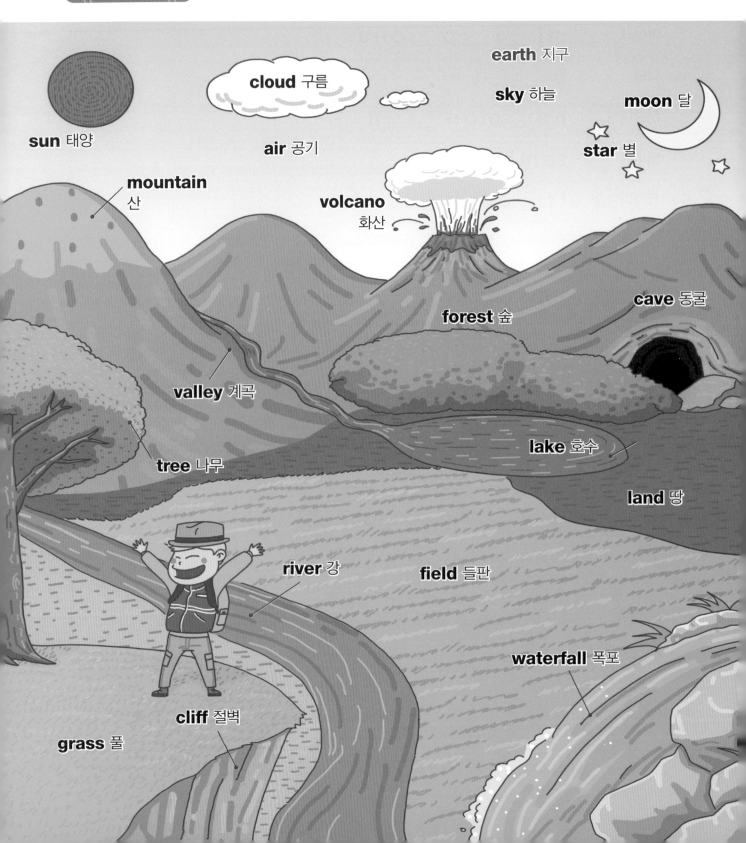

earth 지구

cloud 구름

sky 하늘

moon 달

sun 태양

air 공기

star 별

mountain 산

volcano 화산

cave 동굴

forest 숲

valley 계곡

lake 호수

tree 나무

land 땅

river 강

field 들판

waterfall 폭포

cliff 절벽

grass 풀

다 쓴 후에 MP3 음원을 들으면서 큰 소리로 따라 해보세요.

□ **sun** sun

[sʌn] 태양

□ **sky** sky

[skai] 하늘

□ **cloud** cloud

[klaud] 구름

□ **moon** moon

[muːn] 달

□ **star** star

[staːr] 별

mountain

[máuntən] 산

volcano

[valkéinou] 화산

tree

[tri:] 나무

forest

[fɔ́(:)rist] 숲

cave

[keiv] 동굴

□ air air

[ɛər] 공기

□ field field

[fiːld] 들판

□ river river

[rívər] 강

□ lake lake

[leik] 호수

□ land land

[lænd] 땅

□ **grass** grass

[græs] 풀

□ **valley** valley

[væli] 계곡

□ **waterfall** waterfall

[wɔ́ːtərfɔ̀ːl] 폭포

□ **cliff** cliff

[klif] 절벽

□ **earth** earth

[əːrθ] 지구

쪽지시험

1 다음 그림과 단어를 알맞게 연결해보세요.

- river

- lake

- waterfall

- cave

- volcano

- earth

2 우리말 뜻을 보고 알맞은 단어를 써보세요.

숲 _____

공기 _____

들판 _____

계곡 _____

절벽 _____

goat 염소

cat 고양이

mouse 쥐

sheep 양

chick 병아리

cow 소

rooster 수탉

dog 개

rabbit 토끼

pig 돼지

giraffe 기린

elephant 코끼리

monkey 원숭이

bear 곰

kangaroo 캥거루

koala 코알라

lion 사자

alligator 악어

tiger 호랑이

panda 팬더 곰

 다 쓴 후에 MP3 음원을 들으면서 큰 소리로 따라 해보세요.

□ chick   chick

[tʃik] 병아리

□ goat   goat

[gout] 염소

□ cat   cat

[kæt] 고양이

□ mouse   mouse

[maus] 쥐

□ sheep   sheep

[ʃiːp] 양

□ **dog** dog

[dɔ(:)g] 개

□ **pig** pig

[pig] 돼지

□ **rooster** rooster

[ruːstər] 수탉

□ **cow** cow

[kau] 소

□ **rabbit** rabbit

[ræbit] 토끼

□ lion lion

[láiən] 사자

□ giraffe giraffe

[dʒəræf] 기린

□ bear bear

[bɛər] 곰

□ elephant elephant

[éləfənt] 코끼리

□ monkey monkey

[mʌ́ŋki] 원숭이

□ **koala** koala

[kouάːlə] 코알라

□ **panda** panda

[pǽndə] 팬더 곰

□ **kangaroo** kangaroo

[kæ̀ŋgərúː] 캥거루

□ **alligator** alligator

[ǽligèitər] 악어

□ **tiger** tiger

[táigər] 호랑이

쪽지시험

1 다음 영단어의 알맞은 해석과 그림을 선으로 이어보세요.

rooster • • • 염소

chick • • • 수탉

goat • • • 기린

elephant • • • 병아리

giraffe • • • 코끼리

2 한글 해석을 읽고 영단어를 써보세요.

양 _____

호랑이 _____

팬더 곰 _____

캥거루 _____

코알라 _____

악어 _____

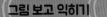 그림 보고 익히기   그림을 보고 단어를 기억하세요.

beak 부리

nest 둥지

wing 날개

duck 오리

goose 거위

sparrow 참새

swallow 제비

magpie 까치

crow 까마귀

eagle 독수리

owl 부엉이

sea gull 갈매기

pigeon 비둘기

swan 백조

pelican 펠리컨

ostrich 타조

peacock 공작새

woodpecker 딱따구리

crane 학

turkey 칠면조

다 쓴 후에 MP3 음원을 들으면서 큰 소리로 따라 해보세요.

☐ **nest** nest

[nest] 둥지

☐ **wing** wing

[wiŋ] 날개

☐ **beak** beak

[biːk] 부리

☐ **duck** duck

[dʌk] 오리

☐ **goose** goose

[guːs] 거위

sparrow sparrow

[spǽrou] 참새

swallow swallow

[swάlou] 제비

magpie magpie

[mǽgpài] 까치

crow crow

[krou] 까마귀

eagle eagle

[íːgəl] 독수리

☐ owl   owl

[aul] 부엉이

☐ sea gull   sea gull

[siːgʌl] 갈매기

☐ pigeon   pigeon

[pídʒən] 비둘기

☐ swan   swan

[swan] 백조

☐ pelican   pelican

[pélikən] 펠리컨

□ **ostrich** ostrich

[ɔ́(:)stritʃ] 타조

□ **peacock** peacock

[píːkɑk] 공작새

□ **woodpecker** woodpecker

[wudpekər] 딱따구리

□ **crane** crane

[krein] 학

□ **turkey** turkey

[tə́ːrki] 칠면조

쪽지시험

1 그림을 보고 알파벳을 연결한 후 영단어를 써보세요.

 go •   • pie _____

 spa •   • ose _____

 swal •   • low _____

 mag •   • rrow _____

 ost •   • rich _____

2 우리말 뜻을 보고 퍼즐에서 찾아 동그라미를 그려보세요.

둥지
독수리
부리
날개
부엉이
오리

z	w	n	e	s	t
q	u	e	a	p	d
w	i	n	g	r	u
x	o	w	l	g	c
s	b	b	e	a	k
n	m	w	e	l	o

그림 보고 익히기   그림을 보고 단어를 기억하세요.

dolphin 돌고래

wave 파도

seal 물개

sea turtle 바다거북

fish 물고기

whale 고래

oyster 굴

stingray 가오리

shark 상어

octopus 문어

squid 오징어

seahorse 해마

seaweed 해초

jellyfish 해파리

shrimp 새우

lobster 바닷가재

crab 게

starfish 불가사리

shellfish 조개

coral 산호

따라 써보기　다 쓴 후에 MP3 음원을 들으면서 큰 소리로 따라 해보세요.

☐ **dolphin**　dolphin

[dάlfin] 돌고래

☐ **seal**　seal

[siːl] 물개

☐ **wave**　wave

[weiv] 파도

☐ **fish**　fish

[fiʃ] 물고기

☐ **sea turtle**　sea turtle

[siːtә́ːrtl] 바다거북

□ **stingray** stingray

[stiŋrei] 가오리

□ **whale** whale

[hweil] 고래

□ **oyster** oyster

[ɔ́istər] 굴

□ **shark** shark

[ʃɑːrk] 상어

□ **squid** squid

[skwid] 오징어

☐ **octopus** octopus

[άktəpəs] 문어

☐ **jellyfish** jellyfish

[dʒélifiʃ] 해파리

☐ **seahorse** seahorse

[siːhɔːrs] 해마

☐ **lobster** lobster

[lάbstər] 바닷가재

☐ **shrimp** shrimp

[ʃrimp] 새우

☐ **shellfish** shellfish

[ʃelfiʃ] 조개

☐ **starfish** starfish

[stɑːrfiʃ] 불가사리

☐ **crab** crab

[kræb] 게

☐ **coral** coral

[kɔːrəl] 산호

☐ **seaweed** seaweed

[siːwiːd] 해초

쪽지시험

1 다음 그림을 보고 뒤죽박죽 적힌 알파벳을 알맞게 배치해서 옳은 영단어를 써보세요.

 고래   w h l e a   ⇒ _____

 상어   s k h a r   ⇒ _____

 돌고래   d p h o l i n   ⇒ _____

 문어   o c p u s t o   ⇒ _____

 오징어   s u q i d   ⇒ _____

 새우   s h p r i m   ⇒ _____

2 다음 한글 해석을 보고 빈칸을 채워 알맞은 영단어를 써보세요.

바다거북   s e a   t _ r _ l _

조개   s _ _ l l f i _ _

굴   o _ _ t e r

산호   c _ r _ l

물개   s _ _ l

그림 보고 익히기 그림을 보고 단어를 기억하세요.

bee 벌

butterfly 나비

dragonfly 잠자리

beetle 딱정벌레

spider 거미

grasshopper 메뚜기

ant 개미

cicada 매미

fly 파리

ladybug 무당벌레

mosquito 모기

firefly 반딧불이

mantis 사마귀

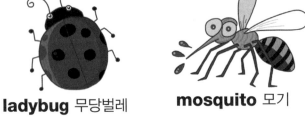

cockroach 바퀴벌레

wasp 말벌

earthworm 지렁이

caterpillar 애벌레

flea 벼룩

moth 나방

scorpion 전갈

따라 써보기 다 쓴 후에 MP3 음원을 들으면서 큰 소리로 따라 해보세요.

☐ **bee** bee

[biː] 벌

☐ **butterfly** butterfly

[bʌtərflài] 나비

☐ **dragonfly** dragonfly

[drǽgənflai] 잠자리

☐ **beetle** beetle

[bíːtl] 딱정벌레

☐ **spider** spider

[spáidər] 거미

□ **grasshopper** grasshopper

[grǽshὰpər] 메뚜기

□ **ant** ant

[ænt] 개미

□ **cicada** cicada

[sikéidə] 매미

□ **fly** fly

[flai] 파리

□ **ladybug** ladybug

[léidibʌg] 무당벌레

mosquito mosquito

[məskíːtou] 모기

firefly firefly

[faiərflai] 반딧불이

mantis mantis

[mǽntis] 사마귀

cockroach cockroach

[kάkròutʃ] 바퀴벌레

wasp wasp

[wɑsp] 말벌

□ **earthworm** earthworm

[ə́ːrθwəːrm] 지렁이

□ **caterpillar** caterpillar

[kǽtərpìlər] 애벌레

□ **flea** flea

[fliː] 벼룩

□ **moth** moth

[mɔ(ː)θ] 나방

□ **scorpion** scorpion

[skɔ́ːrpiən] 전갈

쪽지시험

1 다음 영단어의 알맞은 해석과 그림을 선으로 이어보세요.

beetle ·

ladybug ·

spider ·

grasshopper ·

mosquito ·

· 메뚜기

· 모기

· 딱정벌레

· 거미

· 무당벌레

2 다음 뒤죽박죽 배열된 단어를 한글 해석을 보고 알맞게 고쳐보세요.

나비	butflyter	➡ _____
잠자리	godranfly	➡ _____
반딧불이	flyfire	➡ _____
사마귀	namsti	➡ _____
바퀴벌레	kcocroach	➡ _____
애벌레	capillarter	➡ _____

그림 보고 익히기 그림을 보고 단어를 기억하세요.

hot 더운

cold 추운

warm 따뜻한

sunny 맑은

cool 시원한

cloudy 구름이 낀

rainy 비가 오는

shower 소나기

snowy 눈이 오는

windy 바람 부는

foggy 안개 낀

flood 홍수

thunder 천둥

lightning 번개

rainbow 무지개

drought 가뭄

typhoon 태풍

tornado 회오리

storm 폭풍

forecast 일기예보

다 쓴 후에 MP3 음원을 들으면서 큰 소리로 따라 해보세요.

☐ hot　hot

[hat] 더운

☐ cold　cold

[kould] 추운

☐ warm　warm

[wɔːrm] 따뜻한

☐ sunny　sunny

[sʌni] 맑은

☐ cool　cool

[kuːl] 시원한

☐ **cloudy**   cloudy

[kláudi] 구름이 낀

☐ **rainy**   rainy

[réini] 비가 오는

☐ **windy**   windy

[wíndi] 바람 부는

☐ **snowy**   snowy

[snóui] 눈이 오는

☐ **foggy**   foggy

[fɔ́(ː)gi] 안개 낀

☐ **shower** shower

[ʃáuər] 소나기

☐ **flood** flood

[flʌd] 홍수

☐ **lightning** lightning

[láitniŋ] 번개

☐ **thunder** thunder

[θʌ́ndər] 천둥

☐ **rainbow** rainbow

[réinbòu] 무지개

□ **forecast** forecast

[fɔ́ːrkæst] 일기예보

□ **drought** drought

[draut] 가뭄

□ **typhoon** typhoon

[taifúːn] 태풍

□ **tornado** tornado

[tɔːrnéidou] 회오리

□ **storm** storm

[stɔːrm] 폭풍

쪽지시험

1 다음 한글 해석을 보고 빈칸에 알맞은 알파벳을 넣어 단어를 완성해보세요.

구름이 낀	c __ ou __ y
안개 낀	fo __ __ y
소나기	s __ __ w __ r
홍수	f __ __ __ d
일기예보	f __ rec __ s __
가뭄	dr __ u __ __ t

2 그림을 보고 그 그림에 맞는 단어를 써보세요.

 _____ 추운

 _____ 바람 부는

 _____ 눈이 오는

 _____ 번개

 _____ 무지개

그림 보고 익히기 그림을 보고 단어를 기억하세요.

date 날짜
day 날

4 April

MON	TUE	WED	THU	FRI	SAT	SUN
			1	2	3	4
6	7	8	9	10	11	12
13	14	15	16	17	18	19

(SUN 열에 5가 첫째 주에 있음)

week 주

weekday 평일

weekend 주말

Monday 월요일
Tuesday 화요일
Wednesday 수요일
Thursday 목요일
Friday 금요일
Saturday 토요일
Sunday 일요일

time 시간
hour 시간
minute 분
second 초

noon 정오
evening 저녁
night 밤
midnight 자정

따라 써보기   다 쓴 후에 MP3 음원을 들으면서 큰 소리로 따라 해보세요.

☐ # Monday   Monday

[mʌ́ndei] 월요일

☐ # Tuesday   Tuesday

[tjúːzdei] 화요일

☐ # Wednesday   Wednesday

[wénzdei] 수요일

☐ # Thursday   Thursday

[θə́ːrzdei] 목요일

☐ # Friday   Friday

[fráidei] 금요일

□ **Saturday**   Saturday

[sǽtərdèi] 토요일

□ **Sunday**   Sunday

[sʌ́ndei] 일요일

□ **week**   week

[wiːk] 주

□ **weekday**   weekday

[wíːkdèi] 평일

□ **weekend**   weekend

[wíːkènd] 주말

□ **day** day

[dei] 날

□ **date** date

[deit] 날짜

□ **time** time

[taim] 시간

□ **hour** hour

[áuər] 시간

□ **minute** minute

[mínit] 분

☐ **second** second

[sékənd] 초

☐ **noon** noon

[nuːn] 정오

☐ **midnight** midnight

[mídnàit] 자정

☐ **evening** evening

[íːvniŋ] 저녁

☐ **night** night

[nait] 밤

쪽지시험

1 우리말 뜻과 단어를 올바르게 연결해보세요.

일요일 •   • **Wednesday**

월요일 •   • **Monday**

화요일 •   • **Sunday**

수요일 •   • **Friday**

목요일 •   • **Tuesday**

금요일 •   • **Saturday**

토요일 •   • **Thursday**

2 우리말 뜻을 보고 알맞은 단어를 써보세요.

날 _____   날짜 _____

시간 _____   분 _____

초 _____   정오 _____

저녁 _____   밤 _____

그림 보고 익히기 그림을 보고 단어를 기억하세요.

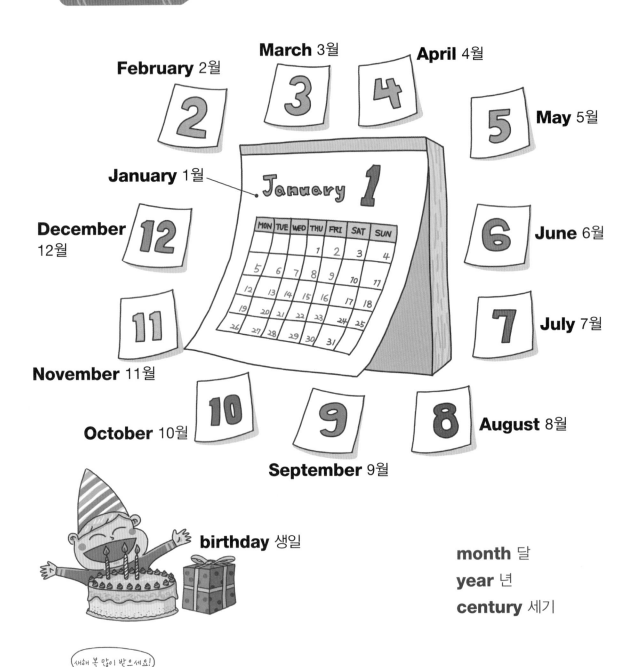

February 2월
March 3월
April 4월
May 5월
January 1월
December 12월
June 6월
November 11월
July 7월
October 10월
September 9월
August 8월

birthday 생일

month 달
year 년
century 세기

새해 복 많이 받으세요!

New year's day 설날

yesterday 어제 **today** 오늘 **tomorrow** 내일

December 31 → January 1 → January 2

다 쓴 후에 MP3 음원을 들으면서 큰 소리로 따라 해보세요.

☐ **month** month

[mʌnθ] 달

☐ **year** year

[jiər] 년

☐ **century** century

[séntʃuri] 세기

☐ **January** January

[dʒǽnjuèri] 1월

☐ **February** February

[fébruèri] 2월

☐ March March

[mɑːrtʃ] 3월

☐ April April

[éiprəl] 4월

☐ May May

[mei] 5월

☐ June June

[dʒuːn] 6월

☐ July July

[dʒuːlái] 7월

☐ **August** August

[ɔ́ːgəst] 8월

☐ **September** September

[septémbər] 9월

☐ **October** October

[aktóubər] 10월

☐ **November** November

[nouvémbər] 11월

☐ **December** December

[disémbər] 12월

☐ **birthday** birthday

[bə́:rθdèi] 생일

☐ **New year's day** New year's day

[nju: jiərs dei] 설날

☐ **yesterday** yesterday

[jéstərdèi] 어제

☐ **today** today

[tədéi] 오늘

☐ **tomorrow** tomorrow

[təmɔ́:rou] 내일

쪽지시험

1 다음 영단어와 알맞은 뜻을 선으로 이어보세요.

September   •   • 1월

July   •   • 2월

May   •   • 3월

April   •   • 4월

March   •   • 5월

October   •   • 6월

February   •   • 7월

December   •   • 8월

January   •   • 9월

June   •   • 10월

November   •   • 11월

August   •   • 12월

2 한글 우리말 뜻을 보고 영단어를 써보세요.

달 _____   년 _____

어제 _____   내일 _____

그림 보고 익히기   그림을 보고 단어를 기억하세요.

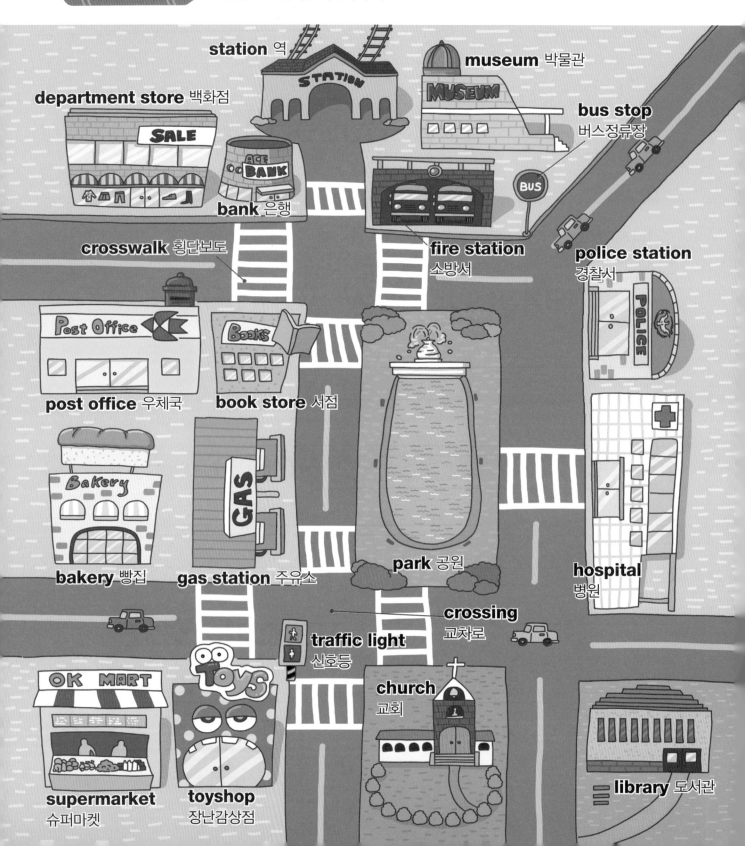

- station 역
- museum 박물관
- department store 백화점
- bus stop 버스정류장
- bank 은행
- crosswalk 횡단보도
- fire station 소방서
- police station 경찰서
- post office 우체국
- book store 서점
- hospital 병원
- bakery 빵집
- gas station 주유소
- park 공원
- crossing 교차로
- traffic light 신호등
- church 교회
- supermarket 슈퍼마켓
- toyshop 장난감상점
- library 도서관

따라 써보기 다 쓴 후에 MP3 음원을 들으면서 큰 소리로 따라 해보세요.

☐ department store

[dipάːrtmənt stɔːr] 백화점

department store

☐ bank   bank

[bæŋk] 은행

☐ station   station

[stéiʃən] 역

☐ museum   museum

[mjuːzíːəm] 박물관

☐ fire station   fire station

[faiər stéiʃən] 소방서

□ bus stop   bus stop

[bʌs stɑp] 버스정류장

□ police station   police station

[pəlíːs stéiʃən] 경찰서

□ hospital   hospital

[hάspitl] 병원

□ post office   post office

[poust ɔ́(ː)fis] 우체국

□ book store   book store

[buk stɔːr] 서점

bakery bakery

[béikəri] 빵집

gas station gas station

[gæs stéiʃən] 주유소

park park

[pɑːrk] 공원

supermarket supermarket

[súːpərmɑ̀ːrkit] 슈퍼마켓

toyshop toyshop

[tɔiʃɑp] 장난감상점

☐ **traffic light** traffic light

[trǽfik lait] 신호등

☐ **church** church

[tʃəːrtʃ] 교회

☐ **library** library

[láibrèri] 도서관

☐ **crosswalk** crosswalk

[krɔ́ːswɔ̀ːk] 횡단보도

☐ **crossing** crossing

[krɔ́ːsiŋ] 교차로

쪽지시험

1 그림을 보고 알파벳을 연결한 후 영단어를 써보세요.

 sta · · um _____

 muse · · ry _____

 ba · · ffic light _____

 libra · · tion _____

 tra · · kery _____

2 우리말 뜻을 보고 퍼즐에서 찾아 동그라미를 그려보세요.

병원

교회

공원

은행

장난감상점

c	z	e	b	o	f	b	g
h	o	s	p	i	t	a	l
u	v	h	a	z	o	n	j
r	c	j	r	x	y	k	x
c	b	l	k	y	s	l	k
h	n	k	e	u	h	r	c
d	m	s	r	t	o	e	w
s	l	o	v	i	p	q	w

그림 보고 익히기   그림을 보고 단어를 기억하세요.

ambulance 앰뷸런스

car 자동차

motorbike 오토바이

bicycle 자전거

bus 버스

taxi 택시

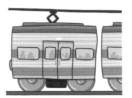

subway 지하철

train 기차

truck 트럭

van 승합차

ship 배

boat 보트

yacht 요트

airplane 비행기

helicopter 헬리콥터

rocket 로켓

caravan 캠핑카

carriage 마차

fire engine
소방차

patrol car 경찰차

다 쓴 후에 MP3 음원을 들으면서 큰 소리로 따라 해보세요.

☐ ambulance ~~ambulance~~

[ǽmbjuləns] 앰뷸런스

☐ car ~~car~~

[kɑːr] 자동차

☐ motorbike ~~motorbike~~

[móutərbaik] 오토바이

☐ bicycle ~~bicycle~~

[báisikəl] 자전거

☐ bus ~~bus~~

[bʌs] 버스

☐ **taxi** taxi

[tǽksi] 택시

☐ **subway** subway

[sʌ́bwèi] 지하철

☐ **train** train

[trein] 기차

☐ **truck** truck

[trʌk] 트럭

☐ **van** van

[væn] 승합차

□ ship ship

[ʃip] 배

□ boat boat

[bout] 보트

□ yacht yacht

[jɑt] 요트

□ airplane airplane

[ɛ́ərplèin] 비행기

□ helicopter helicopter

[hélikɑ̀ptər] 헬리콥터

rocket   rocket

[rɑ́kit] 로켓

caravan   caravan

[kǽrəvæn] 캠핑카

carriage   carriage

[kǽridʒ] 마차

fire engine   fire engine

[faiər éndʒən] 소방차

patrol car   patrol car

[pətróul kɑːr] 경찰차

쪽지시험

1 다음 그림을 보고 뒤죽박죽 적힌 알파벳을 알맞게 배치해서 옳은 영단어를 써보세요.

 앰뷸런스   **buamlance** ➡ _____

 오토바이   **mobiketor** ➡ _____

 자전거   **cybicle** ➡ _____

 지하철   **suwbay** ➡ _____

 소방차   **fire gineen** ➡ _____

 경찰차   **parolt car** ➡ _____

2 다음 한글 해석을 보고 빈칸을 채워 알맞은 영단어를 써보세요.

요트   ya __ __ t

비행기   a __ __ plan __

헬리콥터   h __ l __ co __ __ er

로켓   ro __ __ et

마차   ca __ __ i __ ge

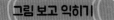 그림을 보고 단어를 기억하세요.

ticket 탑승권

passport 여권

passenger 승객

pilot 조종사

flight attendant 승무원

check in 탑승수속

suitcase 여행가방

gate 게이트

baggage claim 짐 찾는 곳

luggage cart 수하물 카트

lavatory 화장실

runway 활주로

aisle 통로

seatbelt 안전벨트

window seat 창가 좌석

tray 식판

oxygen mask 산소마스크

control tower 관제탑

wing 날개

cockpit 조종실

다 쓴 후에 MP3 음원을 들으면서 큰 소리로 따라 해보세요.

☐ ticket   ticket

[tíkit] 탑승권

☐ passport   passport

[pǽspòːrt] 여권

☐ passenger   passenger

[pǽsəndʒər] 승객

☐ pilot   pilot

[páilət] 조종사

☐ flight attendant   flight attendant

[flait əténdənt] 승무원

☐ **check in** check in

[tʃek in] 탑승수속

☐ **suitcase** suitcase

[súːtkèis] 여행가방

☐ **seatbelt** seatbelt

[siːtbelt] 안전벨트

☐ **gate** gate

[geit] 탑승구

☐ **baggage claim** baggage claim

[bǽgidʒ kleim] 짐 찾는 곳

luggage cart luggage cart

[lʌ́gidʒ kɑːrt] 수하물 카트

lavatory lavatory

[lǽvətɔ̀ːri] 화장실

runway runway

[rʌ́n wei] 활주로

aisle aisle

[ail] 통로

window seat window seat

[wíndou siːt] 창가 좌석

□ oxygen mask   oxygen mask

[ɑ́ksidʒən mæsk] 산소마스크

□ tray   tray

[trei] 식판

□ control tower   control tower

[kəntróul táuər] 관제탑

□ wing   wing

[wiŋ] 날개

□ cockpit   cockpit

[kɑkpit] 조종실

쪽지시험

1 다음 단어와 한글 뜻, 그리고 그림을 알맞게 선으로 연결해보세요.

passport · · · · 여행가방

passenger · · · · 안전벨트

pilot · · · · 승객

suitcase · · · · 여권

seatbelt · · · · 조종사

2 다음 뒤죽박죽 배열된 단어를 한글 해석을 보고 알맞게 고쳐보세요.

짐 찾는 곳	gabagge cliam	⇒ _____
화장실	vatolary	⇒ _____
활주로	wunray	⇒ _____
통로	ailes	⇒ _____
관제탑	toncrol tower	⇒ _____
조종실	pockcit	⇒ _____

그림 보고 익히기 그림을 보고 단어를 기억하세요.

battleship 군함

island 섬

lighthouse 등대

buoy 부표

submarine 잠수함

motorboat 모터보트

breakwater 방파제

cargo ship 화물선

sailboat 범선

fish market 수산시장

port 항구

fishing 낚시

seafood 해산물

fishnet 그물

boat 보

life jacket 구명조끼

binoculars 쌍안경

captain 선장

crew 선원

diver 잠수부

다 쓴 후에 MP3 음원을 들으면서 큰 소리로 따라 해보세요.

☐ **battleship**   battleship

[bǽtlʃip] 군함

☐ **island**   island

[áilənd] 섬

☐ **buoy**   buoy

[búːi] 부표

☐ **submarine**   submarine

[sʌ́bmərìːn] 잠수함

☐ **motorboat**   motorboat

[móutərbout] 모터보트

☐ **breakwater** breakwater

[breikwɔ́:tər] 방파제

☐ **lighthouse** lighthouse

[láithàus] 등대

☐ **cargo ship** cargo ship

[kɑ́:rgou ʃip] 화물선

☐ **sailboat** sailboat

[seilbout] 범선

☐ **port** port

[pɔ́:rt] 항구

☐ **boat** boat

[bout] 보트

☐ **fishing** fishing

[fíʃiŋ] 낚시

☐ **life jacket** life jacket

[laif dʒǽkit] 구명조끼

☐ **binoculars** binoculars

[bənάkjələr] 쌍안경

☐ **seafood** seafood

[siːfuːd] 해산물

□ **fish market** fish market

[fíʃ mάːrkit] 수산시장

□ **fishnet** fishnet

[fiʃnet] 그물

□ **captain** captain

[kǽptin] 선장

□ **crew** crew

[kruː] 선원

□ **diver** diver

[dáivər] 잠수부

쪽지시험

1 다음 한글 해석을 보고 빈칸에 알맞은 알파벳을 넣어 단어를 완성해보세요.

선장	capt __ __ n
선원	c __ __ w
등대	li __ __ tho __ se
섬	i __ l __ __ d
범선	s __ __ lbo __ t
방파제	b __ __ __ kwater

2 그림을 보고 그 그림에 맞는 단어를 써보세요.

 _____ 군함

 _____ 화물선

 _____ 잠수함

 _____ 쌍안경

 _____ 구명조끼

Unit 30 Jobs 직업

 월 일

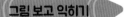 그림 보고 익히기 그림을 보고 단어를 기억하세요.

teacher 선생님

doctor 의사

nurse 간호사

firefighter 소방관

police officer 경찰관

scientist 과학자

actor 영화배우

musician 음악가

artist 예술가

astronaut 우주비행사

soldier 군인

chef 요리사

farmer 농부

dentist 치과의사

engineer 기술자

cashier 회계원

mechanic 정비사

postman 우체부

carpenter 목수

hairdresser 미용사

다 쓴 후에 MP3 음원을 들으면서 큰 소리로 따라 해보세요.

□ **teacher** teacher

[tíːtʃər] 선생님

□ **doctor** doctor

[dɑ́ktər] 의사

□ **nurse** nurse

[nəːrs] 간호사

□ **firefighter** firefighter

[faiərfaitər] 소방관

□ **police officer** police officer

[pəlíːs ɔ́(ː)fisər] 경찰관

☐ **scientist** scientist

[sáiəntist] 과학자

☐ **actor** actor

[ǽktər] 영화배우

☐ **musician** musician

[mjuːzíʃən] 음악가

☐ **artist** artist

[ɑ́ːrtist] 예술가

☐ **astronaut** astronaut

[ǽstrənɔ̀ːt] 우주비행사

☐ **soldier** soldier

[sóuldʒər] 군인

☐ **chef** chef

[ʃef] 요리사

☐ **farmer** farmer

[fɑ́ːrmər] 농부

☐ **dentist** dentist

[déntist] 치과의사

☐ **engineer** engineer

[èndʒəníər] 기술자

☐ **cashier** cashier

[kǽʃíər] 회계원

☐ **mechanic** mechanic

[məkǽnik] 정비사

☐ **postman** postman

[póustmən] 우체부

☐ **carpenter** carpenter

[kάːrpəntər] 목수

☐ **hairdresser** hairdresser

[héərdrèsər] 미용사

1 다음 영단어의 알맞은 뜻과 그림을 선으로 이어보세요.

teacher · · · 소방관

doctor · · · 선생님

nurse · · · 의사

firefighter · · · 음악가

musician · · · 간호사

2 한글 해석을 읽고 영단어를 써보세요.

경찰관 _____

과학자 _____

군인 _____

요리사 _____

기술자 _____

미용사 _____

□ **always**

[ɔ́ːlweiz] 늘, 언제나

always

never

[névər] 결코 ~하지 않는

never

□ **answer**

[ǽnsər] 답변

answer

question

[kwéstʃən] 질문

question

□ **awake**

[əwéik] 깨어 있는

awake

asleep

[əslíːp] 잠이 든

asleep

□ **bad**

[bæd] 나쁜

bad

good

[gud] 좋은

good

□ **before**

[bifɔ́ːr] 이전에

before

after

[ǽftər] 이후에

after

□ big

[big] 큰

big

□ close

[klous] 가까운

close

□ cold

[kould] 차가운

cold

□ down

[daun] 아래로

down

□ dry

[drai] 마른

dry

little

⟺ [lítl] 작은

little

far

⟺ [fɑːr] 먼

far

hot

⟺ [hat] 뜨거운

hot

up

⟺ [ʌp] 위로

up

wet

⟺ [wet] 젖은

wet

early
[ə́ːrli] 일찍

early

late
⟷ [leit] 늦은

late

easy
[íːzi] 쉬운

easy

hard
⟷ [haːrd] 어려운

hard

empty
[émpti] 비어있는

empty

full
⟷ [ful] 가득 찬

full

enter
[éntər] 들어가다

enter

exit
⟷ [égzit] 나가다

exit

fast
[fæst] 빠른

fast

slow
⟷ [slou] 느린

slow

☐ fat
[fæt] 살찐
fat

thin
⟺ [θin] 마른
thin

☐ find
[faind] 찾아내다
find

lose
⟺ [luːz] 잃다
lose

☐ first
[fəːrst] 첫 번째의
first

last
⟺ [læst] 마지막의
last

☐ happy
[hǽpi] 기쁜
happy

sad
⟺ [sæd] 슬픈
sad

☐ hard
[hɑːrd] 단단한
hard

soft
⟺ [sɔ(ː)ft] 푹신한
soft

☐ **heavy**

[hévi] 무거운

heavy

light

⟺ [lait] 가벼운

light

☐ **here**

[hiər] 여기에

here

there

⟺ [ðɛər] 거기에

there

☐ **high**

[hái] 높은

high

low

⟺ [lou] 낮은

low

☐ **large**

[lɑːrdʒ] 큰

large

small

⟺ [smɔːl] 작은

small

☐ **left**

[left] 왼쪽의

left

right

⟺ [rait] 오른쪽의

right

☐ long

short

[lɔːŋ] 긴

⟷ [ʃɔːrt] 짧은

long

short

☐ near

far

[niər] 가까운

⟷ [fɑːr] 먼

near

far

☐ noisy

quiet

[nɔ́izi] 시끄러운

⟷ [kwáiət] 조용한

noisy

quiet

☐ old

new

[ould] 오래된

⟷ [njuː] 새로운

old

new

☐ tall

short

[tɔːl] 키 큰

⟷ [ʃɔːrt] 키 작은

tall

short

☐ **happy**

[hǽpi] 행복한

happy

cheerful

= [tʃíərfəl] 기분 좋은

cheerful

☐ **sad**

[sæd] 슬픈

sad

upset

= [ʌpsét] 기분이 나쁜

upset

☐ **mad**

[mæd] 화가 난

mad

angry

= [ǽŋgri] 화가 난

angry

☐ **small**

[smɔːl] 작은

small

little

= [lítl] 적은

little

☐ **big**

[big] 큰

big

large

= [lɑːrdʒ] 큰

large

☐ **rest**

[rest] 쉬다

rest

relax

= [rilǽks] 편하게 하다

relax

☐ **gift**

[gift] 선물

gift

present

= [prézənt] 선물

present

☐ **jump**

[dʒʌmp] 깡총 뛰다

jump

leap

= [liːp] 껑충 뛰다

leap

☐ **smell**

[smel] 냄새를 맡다

smell

sniff

= [snif] 냄새를 맡다

sniff

☐ **street**

[striːt] 거리

street

road

= [roud] 도로

road

☐ **trash**

[træʃ] 쓰레기

trash

garbage

= [gɑ́ːrbidʒ] (음식물) 쓰레기

garbage

☐ **laugh**

[læf] 웃다

laugh

giggle

= [gígəl] 킥킥 웃다

giggle

☐ **tired**

[taiərd] 피곤한

tired

sleepy

= [slíːpi] 졸린

sleepy

☐ **bunny**

[bʌ́ni] 토끼

bunny

rabbit

= [rǽbit] 토끼

rabbit

☐ **shout**

[ʃaut] 외치다

shout

yell

= [jel] 소리지르다

yell

□ hot

[hat] 뜨거운

hot

warm

= [wɔːrm] 따뜻한

warm

□ fast

[fæst] 빠른

fast

quick

= [kwik] 빠른

quick

□ sick

[sik] 병에 걸린

sick

ill

= [il] 병든

ill

□ house

[haus] 집(주택)

house

home

= [houm] 집(가정)

home

□ friend

[frend] 친구

friend

pal

= [pæl] 친구

pal

☐ cry

[krai] 울다

cry

sad

= [sæd] 슬픈

sad

☐ chair

[tʃɛər] 의자

chair

seat

= [siːt] 좌석

seat

☐ pick

[pik] 고르다

pick

choose

= [tʃuːz] 선택하다

choose

☐ smile

[smail] 미소 짓다

smile

grin

= [grin] 씩 웃다

grin

☐ throw

[θrou] 던지다

throw

toss

= [tɔːs] 던지다

toss

☐ **center**

[séntər] 가운데

center

middle

= [mídl] 가운데

middle

☐ **push**

[puʃ] 밀다

push

shove

= [ʃʌv] 밀치다

shove

☐ **loud**

[laud] 시끄러운

loud

noisy

= [nɔ́izi] 시끄러운

noisy

☐ **quiet**

[kwáiət] 조용한

quiet

silent

= [sáilənt] 침묵하는

silent

☐ **ship**

[ʃip] 배

ship

boat

= [bout] 보트

boat

☐ **act** act

[ækt] 행동하다

☐ **afraid** afraid

[əfréid] 두려워하다

☐ **answer** answer

[ǽnsər] (질문에) 답하다

☐ **arrive** arrive

[əráiv] 도착하다

☐ **ask** ask

[æsk] 묻다

☐ **become** become

[bikʌ́m] ~이 되다

☐ **begin** begin

[bigín] 시작하다

☐ **blow** blow

[blou] 불다

☐ **break** break

[breik] 깨뜨리다

☐ **bring** bring

[briŋ] 가져오다

☐ **build** build
[bild] 세우다

☐ **burn** burn
[bəːrn] 불타다

☐ **buy** buy
[bai] 사다

☐ **call** call
[kɔːl] 부르다

☐ **care** care
[kɛər] 돌보다

☐ **carry** carry
[kǽri] 나르다

☐ **catch** catch
[kætʃ] 붙잡다

☐ **change** change
[tʃeindʒ] 바꾸다

☐ **climb** climb
[klaim] 오르다

☐ **close** close
[klouz] 닫다

□ **come** come

[kʌm] 오다

□ **cook** cook

[kuk] 요리하다

□ **count** count

[kaunt] 세다

□ **cross** cross

[krɔːs] 가로지르다

□ **cry** cry

[krai] 울다

□ **cut** cut

[kʌt] 자르다

□ **dance** dance

[dæns] 춤추다

□ **die** die

[dai] 죽다

□ **do** do

[duː] 하다

□ **draw** draw

[drɔː] 그리다

☐ **drink** drink
[driŋk] 마시다

☐ **drive** drive
[draiv] 운전하다

☐ **drop** drop
[drɑp] 떨어지다

☐ **eat** eat
[iːt] 먹다

☐ **end** end
[end] 끝내다

☐ **enjoy** enjoy
[endʒɔ́i] 즐기다

☐ **excite** excite
[iksáit] 흥분시키다

☐ **excuse** excuse
[ikskjúːz] 용서하다

☐ **fall** fall
[fɔːl] 떨어지다

☐ **feel** feel
[fiːl] 느끼다

□ **fight** fight
[fait] 싸우다

□ **fill** fill
[fil] 채우다

□ **find** find
[faind] 찾다

□ **finish** finish
[fíniʃ] 끝내다

□ **fish** fish
[fiʃ] 낚시하다

□ **fix** fix
[fiks] 고정시키다

□ **fly** fly
[flai] 날다

□ **follow** follow
[fάlou] 뒤를 따르다

□ **forget** forget
[fərgét] 잊다

□ **get** get
[get] 얻다

□ **give** give
[giv] 주다

□ **go** go
[gou] 가다

□ **grow** grow
[grou] 성장하다

□ **happen** happen
[hǽpən] 발생하다

□ **hate** hate
[heit] 미워하다

□ **have** have
[hæv] 가지고 있다

□ **hear** hear
[hiər] 듣다

□ **help** help
[help] 돕다

□ **hide** hide
[haid] 숨기다

□ **hit** hit
[hit] 때리다

☐ **hold** hold
[hould] 잡다

☐ **hurry** hurry
[hə́ːri] 서두르다

☐ **hurt** hurt
[həːrt] 다치게 하다

☐ **introduce** introduce
[ìntrədjúːs] 소개하다

☐ **join** join
[dʒɔin] 가입하다

☐ **jump** jump
[dʒʌmp] 뛰어오르다

☐ **keep** keep
[kiːp] 지키다/견디다

☐ **kick** kick
[kik] 차다

☐ **kill** kill
[kil] 죽이다

☐ **knock** knock
[nɑk] 두드리다

□ know know
[nou] 알다

□ last last
[læst] 지속하다

□ laugh laugh
[læf] 웃다

□ lead lead
[liːd] 인도하다

□ learn learn
[ləːrn] 배우다

□ leave leave
[liːv] 떠나다

□ let let
[let] 허락하다

□ lie lie
[lai] 눕다/거짓말하다

□ like like
[laik] 좋아하다

□ listen listen
[lísən] 듣다

☐ **live** live

[liv] 살다

☐ **look** look

[luk] 보다

☐ **lose** lose

[luːz] 잃다

☐ **love** love

[lʌv] 사랑하다

☐ **make** make

[meik] 만들다

☐ **march** march

[maːrtʃ] 행진하다

☐ **marry** marry

[mǽri] 결혼하다

☐ **meet** meet

[miːt] 만나다

☐ **move** move

[muːv] 움직이다

☐ **need** need

[niːd] 필요하다

☐ **open** open
[óupən] 열다

☐ **paint** paint
[peint] 그림을 그리다

☐ **pardon** pardon
[pάːrdn] 용서하다

☐ **pass** pass
[pæs] 통과하다

☐ **pay** pay
[pei] 지불하다

☐ **pick** pick
[pik] 따다/골라내다

☐ **plan** plan
[plæn] 계획하다

☐ **play** play
[plei] 놀다

☐ **please** please
[pliːz] 기쁘게 하다

☐ **practice** practice
[prǽktis] 연습하다

□ print print
[print] 인쇄하다

□ pull pull
[pul] 끌다

□ push push
[puʃ] 밀다

□ put put
[put] 놓다

□ rain rain
[rein] 비가 오다

□ read read
[riːd] 읽다

□ record record
[rékərd] 기록하다

□ remember remember
[rimémbər] 기억하다

□ repeat repeat
[ripíːt] 반복하다

□ return return
[ritə́ːrn] 되돌아가다

☐ **ride** ride
[raid] 타다

☐ **roll** roll
[roul] 구르다

☐ **run** run
[rʌn] 달리다

☐ **say** say
[sei] 말하다

☐ **see** see
[siː] 보다

☐ **sell** sell
[sel] 팔다

☐ **send** send
[send] 보내다

☐ **set** set
[set] 놓다

☐ **shoot** shoot
[ʃuːt] 쏘다

☐ **shout** shout
[ʃaut] 외치다

☐ **show** show
[ʃou] 보이다

☐ **shut** shut
[ʃʌt] 닫다

☐ **sing** sing
[siŋ] 노래하다

☐ **sit** sit
[sit] 앉다

☐ **sleep** sleep
[sli:p] 잠자다

☐ **slide** slide
[slaid] 미끄러지다

☐ **smell** smell
[smel] 냄새 나다

☐ **smile** smile
[smail] 웃다

☐ **snow** snow
[snou] 눈이 내리다

☐ **speak** speak
[spi:k] 이야기하다

☐ **speed** speed
[spiːd] 빠르게 하다

☐ **spend** spend
[spend] (돈을) 쓰다

☐ **stand** stand
[stænd] 서다

☐ **start** start
[staːrt] 출발하다

☐ **stay** stay
[stei] 머물다

☐ **stop** stop
[stɑp] 멈추다

☐ **strike** strike
[straik] 치다

☐ **study** study
[stʌ́di] 공부하다

☐ **swim** swim
[swim] 수영하다

☐ **swing** swing
[swiŋ] 흔들리다

□ **take** take
[teik] 잡다/가져가다

□ **talk** talk
[tɔːk] 말하다

□ **taste** taste
[teist] 맛보다

□ **teach** teach
[tiːtʃ] 가르치다

□ **tell** tell
[tel] 이야기하다

□ **thank** thank
[θæŋk] 감사하다

□ **think** think
[θiŋk] 생각하다

□ **throw** throw
[θrou] 던지다

□ **tie** tie
[tai] 메다

□ **touch** touch
[tʌtʃ] 만지다

□ **train** train
[trein] 훈련하다

□ **travel** travel
[trǽvəl] 여행하다

□ **try** try
[trai] 노력하다

□ **turn** turn
[təːrn] 돌다

□ **understand** understand
[ʌndərstǽnd] 이해하다

□ **use** use
[juːs] 사용하다

□ **visit** visit
[vízit] 방문하다

□ **wait** wait
[weit] 기다리다

□ **wake** wake
[weik] 잠이 깨다

□ **walk** walk
[wɔːk] 걷다

□ **want** want
[wɔ(ː)nt] 원하다

□ **wash** wash
[waʃ] 씻다

□ **waste** waste
[weist] 낭비하다

□ **wear** wear
[wɛər] 옷을 입다

□ **welcome** welcome
[wélkəm] 환영하다

□ **win** win
[win] 이기다

□ **wonder** wonder
[wʌ́ndər] 놀라다

□ **work** work
[wəːrk] 일하다

□ **write** write
[rait] 쓰다

108

쪽지시험 정답지

Unit 01. Body & Face 우리의 몸

1 ear   귀
eyebrow   눈썹
nose   코
cheek   뺨
mouth   입
lip   입술

2 목   neck
가슴   chest
팔   arm
다리   leg
발   foot

3 elbow   팔꿈치
wrist   손목
palm   손바닥
knee   무릎
toe   발가락

Unit 02. Family 가족

1 grandfather   할아버지
parents   부모
uncle   삼촌
brother   남자 형제
sister   여자 형제
daughter   딸

2 형제/자매   sibling
남편   husband
어린이   child
조카 (아들)   nephew
사촌   cousin

Unit 03. House 집

1

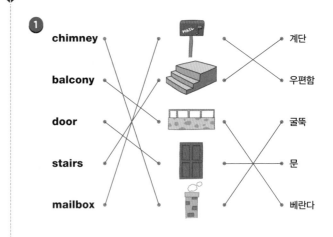

chimney — 굴뚝
balcony — 베란다
door — 문
stairs — 계단
mailbox — 우편함

2 지붕   roof   천장   ceiling
바닥   floor   창문   window
뜰   yard   벽돌   brick

Unit 04. Bedroom 침실

1 컴퓨터   computer
책상   desk
의자   chair
담요   blanket
베개   pillow
학교 가방   school bag

2 curtain 커튼

glasses 안경

clock 시계

doll 인형

frame 액자

Unit 05. Living room 거실

1
쿠션	cushion
잡지	magazine
신문	newspaper
안락의자	armchair
식물	plant
화분	flowerpot

2
sofa	소파
vase	꽃병
rug	양탄자
lampshade	전등갓
fireplace	벽난로

Unit 06. Bathroom 욕실

1

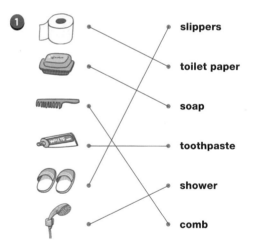

slippers

toilet paper

soap

toothpaste

shower

comb

2
변기	toilet
거울	mirror
칫솔	toothbrush
세면기	sink
체중계	scale

Unit 07. Kitchen 부엌

1

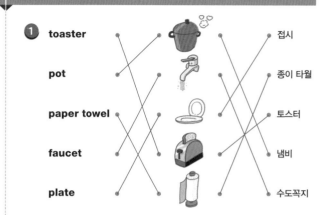

toaster		접시
pot		종이 타월
paper towel		토스터
faucet		냄비
plate		수도꼭지

2
주전자	kettle
전자레인지	microwave oven
냅킨	napkin
젓가락	chopsticks
숟가락	spoon
냉장고	refrigerator

Unit 08. Garden 정원

1

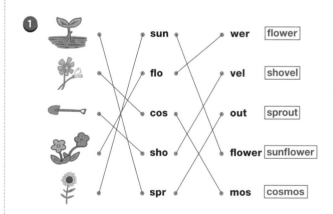

sun	wer	flower
flo	vel	shovel
cos	out	sprout
sho	flower	sunflower
spr	mos	cosmos

②
1 잔디
2 흙
3 장미
4 허브
5 튤립
6 씨앗

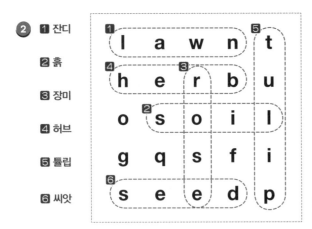

② 성 castle
분수대 fountain
광대 clown
꼭두각시 인형 puppet
마스코트 mascot
놀이공원 amusement park

Unit 11. Foods 음식

① 밥 rice
빵 bread
우유 milk
달걀 egg
소금 salt
설탕 sugar

② meat 고기
noodle 국수
sausage 소시지
bacon 베이컨
fish 생선

Unit 09. School 학교

① globe 지구본 stapler 호치키스
textbook 교과서 eraser 지우개
glue 풀 scissors 가위

② 분필 chalk
자 ruler
선생님 teacher
학생 student
시간표 class schedule

Unit 12. Fruits 과일

Unit 10. Fun time 노는 시간

① slide 시소
swing 미끄럼틀
seesaw 벤치
bench 풍선
balloon 그네

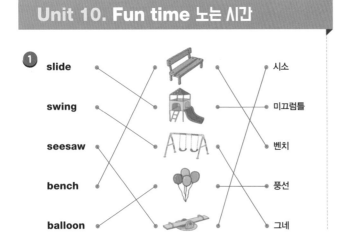

①

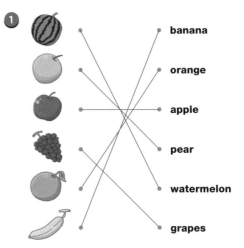

banana
orange
apple
pear
watermelon
grapes

2

귤	tangerine
멜론	melon
키위	kiwi
복숭아	peach
딸기	strawberry

Unit 13. Vegetables 채소

1

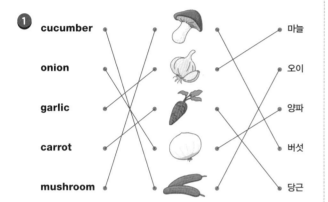

cucumber
onion
garlic
carrot
mushroom

마늘
오이
양파
버섯
당근

2

옥수수	corn	토마토	tomato
상추	lettuce	콩	bean
감자	potato	호박	pumpkin

Unit 14. Colors 색깔

1

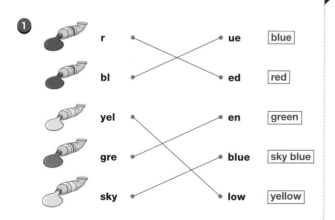

r — ue — blue
bl — ed — red
yel — en — green
gre — blue — sky blue
sky — low — yellow

2

```
p  i  n  k  e  m  n
u  o  g  o  l  d  y
r  h  b  r  o  w  n
p  g  r  a  y  a  z
l  l  q  n  f  n  k
e  u  p  g  q  i  r
o  b  w  e  z  x  v
```

1 분홍색   **4** 자주색

2 갈색   **5** 회색

3 주황색   **6** 금색

Unit 15. Clothes 옷

1

양말	socks	치마	skirt
스웨터	sweater	반바지	shorts
청바지	jeans	운동화	sneakers

2

구두	shoes
속옷	underwear
넥타이	tie
조끼	vest
장갑	glove

Unit 16. Sports 스포츠

1

baseball
soccer
basketball
volleyball
swimming

농구
야구
수영
축구
배구

2
유도	judo
탁구	table tennis
볼링	bowling
권투	boxing
레슬링	wrestling
수상스키	water-skiing

Unit 17. Music 음악

1
마이크	microphone
악단	band
하모니카	harmonica
탬버린	tambourine
트라이앵글	triangle
플루트	flute

2
xylophone	실로폰
cello	첼로
trumpet	트럼펫
saxophone	색소폰
accordion	아코디언

Unit 18. Nature 자연

1

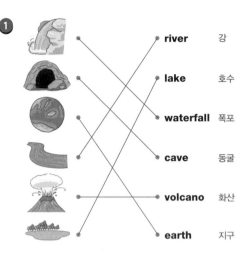

river	강
lake	호수
waterfall	폭포
cave	동굴
volcano	화산
earth	지구

2
숲	forest
공기	air
들판	field
계곡	valley
절벽	cliff

Unit 19. Animals 동물

1

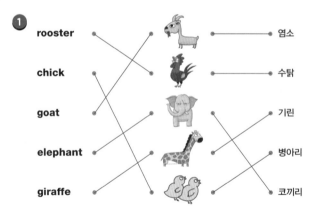

rooster
chick
goat
elephant
giraffe

염소
수탉
기린
병아리
코끼리

2
양	sheep	호랑이	tiger
팬더 곰	panda	캥거루	kangaroo
코알라	koala	악어	alligator

Unit 20. Birds 새

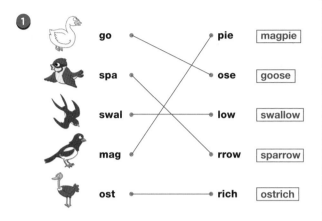

① go — pie | magpie
spa — ose | goose
swal — low | swallow
mag — rrow | sparrow
ost — rich | ostrich

②
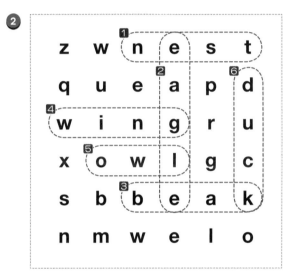

z	w	**n**	**e**	**s**	**t**
q	u	**e**	**a**	p	**d**
w	**i**	**n**	**g**	r	**u**
x	**o**	**w**	**l**	g	**c**
s	b	**b**	**e**	**a**	**k**
n	m	w	e	l	o

1 둥지 **4** 날개

2 독수리 **5** 부엉이

3 부리 **6** 오리

Unit 21. Sea 바다

①
 고래 whale
 상어 shark
돌고래 dolphin
문어 octopus
 오징어 squid
 새우 shrimp

② 바다거북 sea turtle
조개 shellfish
굴 oyster
산호 coral
물개 seal

Unit 22. Insects 곤충

①
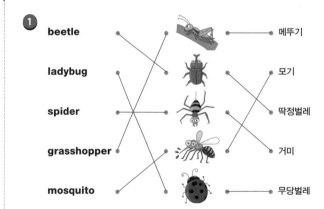

beetle — 메뚜기
ladybug — 모기
spider — 딱정벌레
grasshopper — 거미
mosquito — 무당벌레

② 나비 butterfly   잠자리 dragonfly
반딧불이 firefly   사마귀 mantis
바퀴벌레 cockroach   애벌레 caterpillar

Unit 23. Weather 날씨

1

구름이 낀	cloudy
안개 낀	foggy
소나기	shower
홍수	flood
일기예보	forecast
가뭄	drought

2

cold	추운
windy	바람 부는
snowy	눈이 오는
lightning	번개
rainbow	무지개

Unit 24. Weeks & Time 주와 시간

1

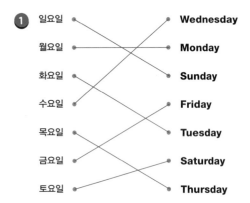

일요일 — Wednesday
월요일 — Monday
화요일 — Sunday
수요일 — Friday
목요일 — Tuesday
금요일 — Saturday
토요일 — Thursday

2

날	day	날짜	date
시간	hour	분	minute
초	second	정오	noon
저녁	evening	밤	night

Unit 25. Calendar 달력

1

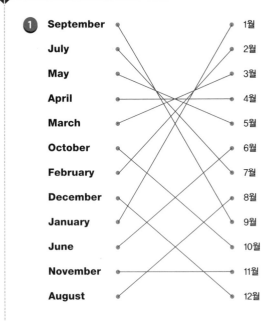

September — 1월
July — 2월
May — 3월
April — 4월
March — 5월
October — 6월
February — 7월
December — 8월
January — 9월
June — 10월
November — 11월
August — 12월

2

달	month	년	year
어제	yesterday	내일	tomorrow

Unit 26. City 도시

1

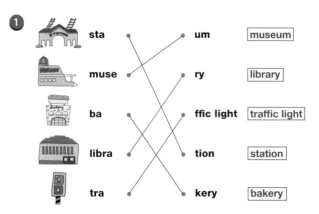

sta — um — museum
muse — ry — library
ba — ffic light — traffic light
libra — tion — station
tra — kery — bakery

②

■1 병원

■2 교회

■3 공원

■4 은행

■5 장난감 상점

Unit 27. Vehicles 교통수단

① 앰뷸런스　ambulance
오토바이　motorbike
자전거　bicycle
지하철　subway
소방차　fire engine
경찰차　patrol car

② 요트　yacht
비행기　airplane
헬리콥터　helicopter
로켓　rocket
마차　carriage

Unit 28. Airport 공항

①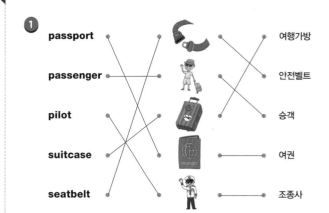

② 짐 찾는 곳　baggage claim
화장실　lavatory
활주로　runway
통로　aisle
관제탑　control tower
조종실　cockpit

Unit 29. Harbor 항구

① 선장　captain
선원　crew
등대　lighthouse
섬　island
범선　sailboat
방파제　breakwater

② battleship　군함
cargo ship　화물선
submarine　잠수함
binoculars　쌍안경
life jacket　구명조끼

1

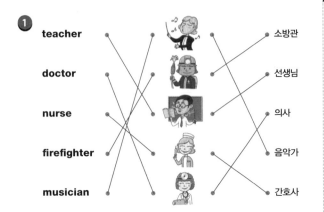

teacher		소방관
doctor		선생님
nurse		의사
firefighter		음악가
musician		간호사

2

경찰관	police officer
과학자	scientist
군인	soldier
요리사	chef
기술자	engineer
미용사	hairdresser

알파벳 순서
단어 모음

A

accordion 아코디언

act 행동하다

actor 영화배우

address 주소

afraid 두려워하다

after 이후에

air 공기

airplane 비행기

aisle 통로

alligator 악어

always 늘, 언제나

ambulance 앰뷸런스

amusement park 놀이공원

angry 화가 난

ankle 발목

answer 답변/질문에 답하다

ant 개미

apple 사과

apricot 살구색

April 4월

arm 팔

armchair 안락의자

arrive 도착하다

artist 예술가

ask 묻다

asleep 잠이 든

astronaut 우주비행사

attic 다락방

August 8월

aunt 고모, 이모, 숙모

awake 깨어 있는

B

back 등

backpack 배낭가방

bacon 베이컨

bad 나쁜

badminton 배드민턴

baggage claim 짐 찾는 곳

bakery 빵집

balcony 베란다

ball 공

ballad 발라드

balloon 풍선

banana 바나나

band 악단

bank 은행

baseball 야구

basketball 농구

bath mat 욕실 매트

bathroom 욕실

bathtub 욕조

battleship 군함

beak 부리

bean 콩

bear 곰

become ～이 되다

bed 침대

bedroom 침실

bee 벌

beetle 딱정벌레

before 이전에

begin 시작하다

belt 벨트

bench 벤치

bicycle 자전거

big 큰

binoculars 쌍안경

birthday 생일

black 검정색

blackboard 칠판

blanket 담요

blouse 블라우스

blow 불다

blue 파란색

blueberry 블루베리

boat 보트

book store 서점

book 책

bookshelf 책장

boots 부츠

bowling 볼링

boxing 권투

bread 빵

break 깨뜨리다

breakwater 방파제

brick 벽돌

bring 가져오다

broccoli 브로콜리

brother 남자 형제

brown 갈색

build 세우다

bunny 토끼

buoy 부표

burn 불타다

bus stop 버스정류장

bus 버스

butter 버터

butterfly 나비

buy 사다

C

cabbage 양배추

cake 케이크

call 부르다

candy 사탕

cap 모자(야구모자)

captain 선장

car 자동차

caravan 캠핑카

care 돌보다

cargo ship 화물선

carnation 카네이션

carpenter 목수

carriage 마차

carrot 당근

carry 나르다

cashier 회계원

castle 성

cat 고양이

catch 붙잡다

caterpillar 애벌레

cave 동굴

ceiling 천장

cello 첼로

center 가운데

century 세기

chair 의자

chalk 분필

change 바꾸다

check in 탑승수속

cheek 뺨

cheerful 기분 좋은

cheese 치즈

chef 요리사

cherry 체리

chest of drawers 서랍장

chest 가슴

chestnut 밤

chick 병아리

chicken 치킨

child 어린이

chili 고추

chimney 굴뚝

choose 선택하다

chopsticks 젓가락

church 교회

cicada 매미

class schedule 시간표

classroom 교실

cliff 절벽

climb 오르다

clock 시계

close 가까운/닫다

closet 벽장

cloud 구름

cloudy 구름이 낀

clown 광대

cockpit 조종실

cockroach 바퀴벌레

coconut 코코넛

coffee maker 커피 메이커

cold 차가운/추운

color 색

comb 빗

come 오다

computer 컴퓨터

control tower 관제탑

cook 요리하다

cool 시원한

coral 산호

corn 옥수수

cosmos 코스모스

cotton candy 솜사탕

count 세다

cousin 사촌

cow 소

crab 게

crane 학

crew 선원

cross 가로지르다

crossing 교차로

crosswalk 횡단보도

crow 까마귀

cry 울다

cucumber 오이

cupboard 찬장

curtain 커튼

cushion 쿠션

cut 자르다

cutter 칼

cycling 자전거타기

cymbals 심벌즈

D

dad 아빠

dance 춤추다

date 날짜

daughter 딸

day 날

December 12월

dentist 치과의사

department store 백화점

desk 책상

die 죽다

diver 잠수부

do 하다

doctor 의사

dog 개

doll 인형

dolphin 돌고래

door 문

doorplate 문패

down 아래로

dragonfly 잠자리

draw 그리다

dress 원피스

drink 마시다

drive 운전하다

drop 떨어지다/방울

drought 가뭄

drum 드럼

dry 마른

duck 오리

E

eagle 독수리

ear 귀

early 일찍

earth 지구

earthworm 지렁이

easy 쉬운

eat 먹다

egg 달걀

eggplant 가지

elbow 팔꿈치

elephant 코끼리

empty 비어있는

end table 작은 탁자

end 끝내다

engineer 기술자

enjoy 즐기다

enter 들어가다

eraser 지우개

evening 저녁

excite 흥분시키다

excuse 용서하다

exit 나가다

eye 눈

eyebrow 눈썹

F

fall 떨어지다/가을

fan 선풍기

far 먼

farmer 농부

fast 빠른

fat 살찐

faucet 수도꼭지

February 2월

feel 느끼다

fence 울타리

field 들판

fight 싸우다

fill 채우다

find 찾다

finger 손가락

fingernail 손톱

finish 끝내다

fire engine 소방차

fire station 소방서

firefighter 소방관

firefly 반딧불이

fireplace 벽난로

first 첫 번째의

fish market 수산시장

fish 물고기/낚시하다

fishing 낚시

fishnet 그물

fix 고정시키다

flea 벼룩

flight attendant 승무원

flood 홍수

floor 바닥

flower 꽃

flowerpot 화분

flute 플루트

fly 날다/파리

foggy 안개 낀

folder 폴더

follow 뒤를 따르다

foot 발

forecast 일기예보

forest 숲

forget 잊다

fork 포크

fountain 분수대

frame 액자

Friday 금요일

friend 친구

full 가득 찬

G

garage 차고

garbage (음식물) 쓰레기

garlic 마늘

gas station 주유소

gate 게이트

get 얻다

gift 선물

giggle 킥킥 웃다

giraffe 기린

give 주다

glass 컵

glasses 안경

globe 지구본

glove 장갑

glue 풀

go 가다

goat 염소

gold 금색

golf 골프

good 좋은

goose 거위

grandchild 손주

grandfather 할아버지

grandmother 할머니

grandparents 조부모

grapes 포도

grass 풀

grasshopper 메뚜기

gray 회색

green 초록색

grin 씩 웃다

grow 성장하다

guitar 기타

H

hair drier 드라이기

hair 머리카락

hairbrush 솔빗

hairdresser 미용사

hall 현관

hand 손

happen 발생하다

happy 행복한

hard 단단한

hard 어려운

harmonica 하모니카

hat 모자

hate 미워하다

have 가지고 있다

head 머리

hear 듣다

heavy 무거운

helicopter 헬리콥터

help 돕다

herb 허브

here 여기에

hide 숨기다

high 높은

highlighter 형광펜

hit 때리다

hoe 괭이

hold 잡다

home 집(가정)

hose 호스

hospital 병원

hot 더운/뜨거운

hour 시간

house 집(주택)

hurry 서두르다

hurt 다치게 하다

husband 남편

I

ice cream 아이스크림

ill 병든

introduce 소개하다

island 섬

J

jacket 재킷

January 1월

jeans 청바지

jellyfish 해파리

join 가입하다

judo 유도

July 7월

jump 깡충 뛰다

jump 뛰어오르다

June 6월

jungle gym 정글짐

K

kangaroo 캥거루

keep 지키다/견디다

kettle 주전자

kick 차다

kill 죽이다

kitchen 주방

kiwi 키위

knee 무릎

knife 칼

knock 두드리다

know 알다

koala 코알라

kung fu 쿵푸

L

ladybug 무당벌레

lake 호수

lamp 전등

lampshade 전등갓

land 땅

large 큰

last 마지막/최근

late 늦은

laugh 웃다

lavatory 화장실

lawn 잔디

lead 인도하다

leaf 잎

leap 껑충 뛰다

learn 배우다

leave 떠나다

left 왼쪽의

leg 다리

lemon 레몬

let 허락하다

lettuce 상추

library 도서관

lie 눕다/거짓말하다

life jacket 구명조끼

light 가벼운

lighthouse 등대

lightning 번개

like 좋아하다

lion 사자

lip 입술

listen 듣다

little 작은/적은

live 살다

living room 거실

lobster 바닷가재

long 긴

look 바라보다

lose 잃다

loud 시끄러운

love 사랑하다

low 낮은

luggage cart 수하물 카트

M

mad 화가 난

magazine 잡지

magpie 까치

mailbox 우편함

make 만들다

mango 망고

mantis 사마귀

March 3월

march 행진하다

maroon 고동색

marry 결혼하다

mascot 마스코트

May 5월

meat 고기

mechanic 정비사

meet 만나다

melon 멜론

merry-go-round 회전목마

microphone 마이크

microwave oven 전자레인지

middle 가운데

midnight 자정

milk 우유

minute 분

mirror 거울

mom 엄마

Monday 월요일

monkey 원숭이

month 달

moon 달

morning glory 나팔꽃

mosquito 모기

moth 나방

motorbike 오토바이

motorboat 모터보트

mountain 산

mouse 쥐

mouth 입

move 움직이다

museum 박물관

mushroom 버섯

musician 음악가

N

napkin 냅킨

navel 배꼽

navy blue 짙은 남색

near 가까운

neck 목

need 필요하다

nephew 조카 (아들)

nest 둥지

never 결코 ~하지 않는

New year's day 설날

new 새로운

newspaper 신문

niece 조카딸

night 밤

noisy 시끄러운

noodle 국수

noon 정오

nose 코

notebook 공책

November 11월

nurse 간호사

O

October 10월

octopus 문어

old 오래된

olive 올리브

onion 양파

open 열다

opera 오페라

orange 오렌지/주황색

orchid 난초

ostrich 타조

oven 오븐

owl 부엉이

oxygen mask 산소마스크

oyster 굴

P

paint 칠하다

painting 그림

pal 친구

palm 손바닥

pan 프라이팬

panda 팬더 곰

paper towel 종이 타월

pardon 용서하다

parents 부모

park 공원

pass 통과하다

passenger 승객

passport 여권

patrol car 경찰차

pay 지불하다

peach 복숭아

peacock 공작새

pear 배

pelican 펠리컨

pencil 연필

persimmon 감

photograph 사진

piano 피아노

pick 고르다/따다

pig 돼지

pigeon 비둘기

pillow 베개

pilot 조종사

pineapple 파인애플

pink 분홍색

pizza 피자

plan 계획

plant 식물

plate 접시

play 놀다

playground 놀이터

please 기쁘게 하다

plum 자두

police officer 경찰관

police station 경찰서

pop music 팝송

port 항구

post office 우체국

postman 우체부

pot 냄비

potato 감자

practice 연습하다

present 선물

print 인쇄하다

pull 끌다

pumpkin 호박

puppet 꼭두각시 인형

purple 자주색

push 밀다

put 놓다

Q

question 질문

quick 빠른

quiet 조용한

R

rabbit 토끼

radish 무

rain 비가 오다

rainbow 무지개

rainy 비가 오는

razor 면도기

read 읽다

record 기록하다

red 빨간색

refrigerator/fridge 냉장고

relax 편하게 하다

remember 기억하다

repeat 반복하다

rest 쉬다

return 되돌아가다

rice 밥

ride 타다

right 오른쪽의

river 강

road 도로

rocket 로켓

roll 구르다

roller coaster 롤러코스터

roof 지붕

rooster 수탉

rose 장미

rug 양탄자

ruler 자

run 달리다

runway 활주로

S

sad 슬픈

sailboat 범선

salad 샐러드

salt 소금

sandbox 모래통

Saturday 토요일

sausage 소시지

saxophone 색소폰

say 말하다

scale 체중계

school bag 학교 가방

school bus 스쿨버스

scientist 과학자

scissors 가위

scorpion 전갈

sea gull 갈매기

sea turtle 바다거북

seafood 해산물

seahorse 해마

seal 물개

seat 좌석

seatbelt 안전벨트

seaweed 해초

second 초

see 보다

seed 씨앗

seesaw 시소

sell 팔다

send 보내다

September 9월

set 놓다

shampoo 샴푸

shark 상어

sheep 양

shellfish 조개

ship 배

shirt 셔츠

shoes 구두

shoot 쏘다

short 짧은/키 작은

shorts 반바지

shoulder 어깨

shout 외치다

shove 밀치다

shovel 삽

show 보이다

shower 샤워기/소나기

shrimp 새우

shut 닫다

sibling 형제/자매

sick 병에 걸린

silent 침묵하는

silver 은색

sing 노래하다

sink 세면기/싱크대

sister 여자 형제

sit 앉다

skating 스케이트

skiing 스키

skirt 치마

sky blue 하늘색

sky 하늘

sleep 잠자다

sleepy 졸린

slide 미끄러지다/미끄럼틀

slippers 슬리퍼

slow 느린

small 작은/적은

smell 냄새 나다/냄새를 맡다

smile 미소 짓다

sneakers 운동화

sniff 냄새를 맡다

snow 눈이 내리다

snowy 눈이 오는

soap 비누

soccer 축구

socks 양말

sofa 소파

soft 푹신한

soil 흙

soldier 군인

son 아들

song 노래

spaghetti 스파게티

sparrow 참새

speak 이야기하다

speaker 스피커

speed 빠르게 하다

spend (돈을) 쓰다

spider 거미

spinach 시금치

sponge 스폰지

spoon 숟가락

spring onion 파

sprout 새싹

squid 오징어

stairs 계단

stand 서다

stapler 호치키스

star 별

starfish 불가사리

start 출발하다

station 역

stay 머물다

stem 줄기

stingray 가오리

stomach 배

stop 멈추다

storm 폭풍

stove 가스레인지

strawberry 딸기

street 거리

strike 치다

student 학생

study 공부하다

submarine 잠수함

subway 지하철

sugar 설탕

suitcase 여행가방

sun 태양

Sunday 일요일

sunflower 해바라기

sunlight 햇빛

sunny 맑은

supermarket 슈퍼마켓

swallow 제비

swan 백조

sweater 스웨터

sweet potato 고구마

swim 수영하다

swimming 수영

swing 그네

swing 흔들리다

T

table lamp 탁상 램프

table tennis 탁구

table 탁자

taekwondo 태권도

take 잡다/가져가다

talk 말하다

tall 키 큰

tambourine 탬버린

tangerine 귤

taste 맛보다

taxi 택시

teach 가르치다

teacher 선생님

telephone 전화기

television 텔레비전

tell 이야기하다

tennis 테니스

textbook 교과서

thank 감사하다

there 거기에

thin 마른

think 생각하다

throw 던지다

thunder 천둥

Thursday 목요일

ticket 탑승권/표

tie 넥타이/메다

tiger 호랑이

tile 타일

time 시간

tired 피곤한

toaster 토스터

today 오늘

toe 발가락

toenail 발톱

toilet paper 휴지

toilet 변기/화장실

tomato 토마토

tomorrow 내일

tongue 혀

tooth 이빨

toothbrush 칫솔

toothpaste 치약

tornado 회오리

toss 던지다

touch 만지다

towel 수건

toyshop 장난감상점

traffic light 신호등

train 기차/훈련하다

trash 쓰레기

travel 여행하다

tray 식판

tree 나무

triangle 트라이앵글

truck 트럭

trumpet 트럼펫

try 노력하다

t-shirt 티셔츠

Tuesday 화요일

tulip 튤립

turkey 칠면조

turn 돌다

typhoon 태풍

U

uncle 삼촌

understand 이해하다

underwear 속옷

up 위로

upset 기분이 나쁜

use 사용하다

V

valley 계곡

van 승합차

vase 꽃병

vest 조끼

violet 보라색

violin 바이올린

visit 방문하다

volcano 화산

volleyball 배구

W

wait 기다리다

wake 잠이 깨다

walk 걷다

wall 벽

want 원하다

warm 따뜻한

wash 씻다

wasp 말벌

waste 낭비하다

waterfall 폭포

watering can 물뿌리개

watermelon 수박

water-skiing 수상스키

wave 파도

wear 옷을 입다

Wednesday 수요일

week 주

weekday 평일

weekend 주말

welcome 환영하다

wet 젖은

whale 고래

white 흰색

wife 아내

win 이기다

window seat 창가 좌석

window 창문

windy 바람 부는

wing 날개

wonder 놀라다

woodpecker 딱따구리

work 일하다

wrestling 레슬링

wrist 손목

write 쓰다

X

xylophone 실로폰

Y

yacht 요트

yard 뜰

year 년

yell 소리지르다

yellow green 연두색

yellow 노란색

yesterday 어제

yoga 요가